中学受験
させる親
必読!

「勉強しなさい!」
エスカレートすれば
教育虐待

日経DUAL編

日経DUALの本

はじめに

子どもの幸せを願わない親はいません。「ちゃんと勉強しなさい！」「宿題やったの？」など、時に語気を強めてしまうことがあるとしても、それは本来、わが子にしっかりとした学力をつけさせ、生きていく上での選択肢を広げてあげるためのはずです。

ですが、度を越した態度で子どもに勉強を強制したり、子ども自身の意志を無視して、わが子の学力に見合わないほど偏差値の高い学校に進学するよう強要したりと、**親の行動がエスカレートしてしまうと、子どもの自己肯定感は大きく下がります。そして、生涯にわたって暗い影を落とすほどの弊害を招いてしまう可能性があることが知られるようになってきました。**

そうした不適切な親の行動は「教育虐待」と呼ばれます。特に、首都圏で過熱している中学受験が、親の行動をエスカレートさせやすいことから、本書では、タイトルの一部に「中学受験させる親必読！」と入れました。

ですが、教育虐待は中学受験をする年齢の子どもを持つ親だけではなく、**未就学児の親にも当てはまる問題です。**例えば、習い事やお受験塾などで予定を埋め尽くし、子どもの心身に多大な負荷をかけてしまうケースなども教育虐待になり得ます。

子どもの年齢に関係なく、すべてのお父さん、お母さんに知ってほしい、教育虐待のリスクや予防策、子どもへの適切な関わり方などをまとめたのが本書です。

わが子が人生をたくましく生き抜く強さを身に付けられるよう、子育てのバイブルとして役立てていただければ幸いです。

「勉強しなさい！」エスカレートすれば教育虐待

はじめに …… 3

第1章 中学受験 親の関わり方次第で子の将来にマイナスになることも

中学受験 親が知っておくべきメリット・デメリット …… 14
家庭の関わり方次第で中学受験そのものが「よい学び」になる
【中学受験の4つのメリット】 …… 17
「何でも親のせいにする子」になる危険性も
【中学受験の4つのデメリット】 …… 21

第2章 教育虐待を理解する

親の過剰な期待 子に取り返しがつかない弊害をもたらす …… 30
自分ではセーフと思っていても、実は度を越している可能性も …… 31

不登校や引きこもりより心配なのは、ひたすら我慢し続ける子ども……34
100年時代を生き抜く強さが身に付かないという弊害も……35
読者向けアンケート「ぼく、じゆうな日が一日もないね…」……37
「教育熱心」と「教育虐待」線引きはどこに？……46
共働き家庭ならではのリスクもある？……46
子どもの発達段階を考慮しない教育の押し付けは、「子どもの将来のため」という意図でもアウト……50
教育虐待が起こる4つの背景……52

第3章 教育虐待を防ぐために親が心掛けるべきこと

子の幸せ見極め教育虐待を防ぐ　NGワード&考え方……62
13のチェック項目で、教育虐待かどうかを見極める　チェックリスト……64
家庭を子どもにとって「安心な居場所」にするための6つのポイント……67

「経済的自立」一辺倒を抜け出し、「精神的自立」を促すためには？ …… 71

Column
子どもの心のSOS発信マンガ　愛しているのにまさか私が教育虐待？
episode vol.1　子どもの夢は誰のもの？ …… 76
episode vol.2　ウソをつくのはなぜ？ …… 79
episode vol.3　子を信じて任せるのは部下育てと同じ …… 82

第4章
被害者が加害者になる負の連鎖を断ち切る

約30％が「教育虐待を受けた認識あり」。連鎖を危惧する声も …… 88
教育虐待の影響は世代を超えて波及し続ける …… 89
夫婦間のつながりを強化する …… 90
学歴志向が強い日本のシステムに根本の原因がある？ …… 91
ピュアな感情を子どもから学ぶ …… 94

読者アンケート「あなたは自分の親などから教育虐待を受けたことはありますか」…… 99

Column 子どもの心のSOS発信マンガ 愛しているのにまさか私が教育虐待？
episode vol. 4 親の影響で子育てが思考停止に？…… 104
episode vol. 5 「横のつながり」を雑に扱うと？…… 108

第5章 当事者が語る「こうして教育虐待から抜け出しました」

「かつては教育虐待していたかもしれない」と語る3人のママたちの体験談を紹介…… 112
「僕なんて、生まれてこなければよかった」と言われて
▼「私立受験経験のあるママ」「小6の息子」の場合…… 113
「ママ、ごめんなさい」と私を見る息子のおびえた目
▼「小学校入学への不安を抱えたママ」「就学前の息子」の場合…… 119
すぐに怒鳴る夫におびえる息子。
父親に「怒られるか、怒られないか」で物事を判断するように
▼「すぐに怒鳴るパパ」「のんびり屋のママ」「小2の息子」の場合…… 123

Column 子どもの心のSOS発信マンガ 愛しているのにまさか私が教育虐待？

episode vol.6 親の思い……130
episode vol.7 子どもの思い……133
episode vol.8 褒める基準は何？……136
episode vol.9 熱心なのはいいけれど……139
episode vol.10 「できる」のはうれしい。けれど……142
episode vol.11 自立の意味は二つある……145
episode vol.12 子どもが自分で語る力を意識して育てよう……149

第6章
中学受験のプロが伝えたいこと

「あなたのためよ」「頑張れば報われる」「私はできたのに」
眉間にシワを寄せて不機嫌な顔で子どもに言っていたら、要注意
プロ家庭教師 西村則康さん……154

親が持ってしまう「頑張れば報われる」という根性論……154

中学受験は子どもの成熟度が影響する……156
習い事を詰め込み過ぎてしまうと工夫をしない子になる……157
中学受験はお母さんが笑顔なら、たいていはうまくいく……160

第7章

小児科医と心療内科医が伝えたいこと

過度な教育の押し付けが人生をゆがめる危険も 慶應義塾大学医学部小児科教授・小児科医 高橋孝雄さん……166
家庭への介入は難しい……167
教育虐待は過干渉の一種。関心は点数？ 子ども？……169
「最後はあなたが決めていいよ」と子どもの決定権を尊重……171
基本的な能力は遺伝子が担保。親は安心して……172
成長して引きこもるケースも。意思決定力が「やりたい」アンテナ育てる……173

増加する受験うつ その芽が出るきっかけとなるのが中学受験
中学受験直後の心はどう受け止める？
「本郷赤門前クリニック」院長・心療内科医 吉田たかよしさん …… 176
「うまくいかないのは親のせい！」何でも人のせいにし攻撃的になることも …… 177
難関校に合格した子ほどハイリスク。過信せず、努力し続けることが大事 …… 179
第一志望に合格しても、親は喜び過ぎないで …… 181
一番いいのは、実力はあるのにギリギリ不合格になってしまった子 …… 183
春休みは受験のための勉強から、教養のための勉強に切り替える好機 …… 185
受験で精神的に壊れてしまう子がいるってホント？ …… 187
子どもはお母さんの心理状態の鏡 …… 188
受験前に「大丈夫？」と子どもに言ってはいけないの？ …… 190
自己愛型の受験うつもある …… 193
子どもの受験では母親がヒートアップして、父親は冷静ってホント？ …… 194
自己管理能力をつければ、その先の受験にも生きる …… 197

体は大きくても心は未熟な高学年　親は子どものストレスサインに注意
名古屋大学医学部附属病院准教授・心療内科医　岡田俊さん …… 201
悩みを打ち明けない子どもたち …… 201
子どもの状況を見立てる難しさ …… 203
子どもの人生は子どものもの …… 207
問題と思われていない子のほうが危ない …… 208
夫婦関係や親のメンタル不調が子どものストレス源に …… 210
中学受験　親自身が不調になることも …… 213
子どものことしか考えられないなら要注意 …… 214
短時間の夫婦ミーティングを習慣にする …… 217

第1章

中学受験
親の関わり方次第で
子の将来に
マイナスになることも

中学受験　親が知っておくべきメリット・デメリット

親子で成長が得られる一方、「やらされる勉強」の弊害も。親が言ってはならないセリフとは？

首都圏では中学受験が過熱しています。子どもが小学生の人はもちろん、まだ保育園児の場合でも、パパやママが集まる場で「中学受験する？　しない？」という話題が上がることが少なくないのではないでしょうか。

住んでいる地域によっては、公立の小学校でも「中学受験率」がクラスの半数以上に上り、まったく受験しないでそのまま地元の公立中学校に進学する生徒が少数派というケースも。そうした環境で子育てしていると、つい「周りに影響されて、何となく中学受験をさせる」という流れになりがちです。知っておきたいのは、中学受験にはメリット・デメリットがあるということ。

特に、受験が子どもの意志ではなく「親の意向で無理やりやらされる」場合の弊害は非常に大きいものがあるようです。二人の教育の専門家に詳しく説明してもらいます。

「中学受験は、みんながするからうちも、といったノリで軽く決めるものではありません。もっと根本的なところから考えていく必要があります」。学習塾「ITTO個別指導学院　蒲田大森校・池上校」などを運営するQLEAの教育事業部部長、石井知哉さんはこのように指摘します。

「中学受験が盛んな地域などでは、〝最初に中学受験ありき〟で考えてしまう傾向がありますが、**まずは『子どもが幸せな人生を歩んでいくためには、どうし**

たらいいか』ということろから考えることが大切です」

また、小学校教諭を22年務め、現在は小学校教諭を目指す大学生に指導を行う、帝京平成大学現代ライフ学部講師の鈴木邦明さんは「中学受験をゴールとして考えてしまいがちですが、中学受験は決してゴールではありません」と釘を刺します。

「子どもがどこの中学校に行くとしても、重要なのはそこからの学び。中学受験だけでなく、高校受験でも大学受験でも同じことが言えるのですが、**進学した後にどのような学びが得られるのかに目を向けることが一番大切**です」

「そもそも教育の目的は、将来子どもが自立して生きていける力をつけること」と石井さんは言います。「そのために学習環境を整えてあげるのが、親の役割です。社会に出るまでにどんな学びを得てほしいのか、という大きなイメージを固めた上で、それがかなえられるのは私立か公立か、中学受験か高校受験かといった具合にブレークダウンして考えていきます。そうした長期的な見通しがないままだと、家庭の方針や自分の子どもに合った進路を選択することはできないはずです」

家庭の関わり方次第で中学受験そのものが「よい学び」になる

まず、中学受験のメリットから見ていきましょう。

メリット　その①

ストレス対応力（レジリエンス）が鍛えられる

「受験勉強を始めると、思ったように成績が伸びないなど、壁にぶつかることが多く、子どもに大きなストレスがかかります。でも、ストレスをうまくコントロールできれば、ダメージを受けてもすぐに立ち直る力、すなわちレジリエンスを鍛えることができる。その力は、社会に出たときに必ず役立つはずです」（石井さん）

メリット　その②・その③

親子の絆が深まり、家族としての成長が得られる
子どもに本物の学力が身に付く

「親子が一緒の方向を向いて受験に取り組めば、絆が深まるというメリットもあります。忙しい共働きの家庭では、親が常に子どもの勉強に付き添うのは難しいと思いますが、適切に関わることができれば、親子共に成長につながるでしょう」と話すのは鈴木さんです。

「受験勉強に限った話ではありませんが、勉強はお城の石垣を積んでいくようなもの。『九九』や『公式』など、子どもが学ぶ内容の一つ一つが石で、それを積んでいくイメージです。たくさん石を積んで大きな石垣を造れば、その上に大きなお城を建てることができます。でも、積んでいく石の間には、隙間ができやすい。隙間なく積んでいくことができれば安定した土台になりますが、隙間があるままどんどん積んでしまうと、一見大きいけれど中身はスカスカで危険な石垣になってしまいます。

塾で受験のテクニックだけを学び、単にテストの点数を上げるだけ、偏差値を上げるだけの勉強になってしまっては、石と石の間には大きな隙間ができ、スカスカな石垣になってしまう。でも、**親が適切な距離感で子どもを見守り、今、学校や塾で何を学んでいるのかをしっかり把握した上で、さらに興味関心を広げてあげるにはどうすればいいかを考える、といった関わり方をすれば、石垣は隙間なく、しっかりと積み重ねていくことができる。**親子の成長が得られるだけでなく、本物の学力が身に付くという大きなメリットも得られるはずです」(鈴木さん)

メリット　その④
万一失敗した場合でも、挫折経験が今後の原動力になる

「中学受験をすれば必ず受かるというわけではなく、第一志望の合格がかなえられないどころか、どこにも受からない可能性もある。ただ、本気で頑張った結果であれば、そうした挫折経験からも学べることはたくさんあります」と石井さんは言います。

「私が知っている中で、中学受験に失敗して公立中に進んだ子がいます。彼は、悔しさをバネに中学校でものすごく頑張り、高校受験で難関校に合格することができました。中学時代に必死に頑張ることができたのは、中学受験で挫折した悔しさがあったからこそ。

挫折というと避けるべきもののように捉えられがちですが、そもそも挫折は人生にはつきもの。数多くの挫折を乗り越えてこそ、人は大きく成長します。そういう意味では、小学校6年生で大きな挫折をすることも、一つのいい経験になるといえます」

ちなみに、「第一志望校に落ちたり、全滅したりしたとしても、親子とも笑顔で終えられたら失敗ではなく成功です」と石井さんは指摘します。

「結果的に第二志望校や第三志望校に通うことになっても、『ここが縁のあった学校だよね。よく頑張ったね』と親子で笑うことができたら、幸せな結末だと思います。また、どこにも受からず地元の公立校に行くことになった場合でも、親が『高校受験に向けて、中学校でも頑張ろう』といった声かけができ、子どもがそれに対して前向きに応じるようなら、いい終わり方だといえるでしょう。

逆に、親ががっかりした表情を見せてしまうと、子どもの心に大きなダメージを与えることになる。**子どもが受験に落ちたときこそ、真の親力が問われる**といっても過言ではありません」（石井さん）。

次に、中学受験の主なデメリットを見ていきましょう。

「何でも親のせいにする子」になる危険性も

デメリット　その①

（親が関わり過ぎてしまうと）子どもの主体性が育たない親子関係が悪化する可能性も

「メリット　その②」の裏返しになりますが、親が中学受験に関わり過ぎてしまうと、子どもの主体性が育たない、それどころか依存度が高まってしまうというデメリットがあるようです。

「子どもに『こんな学校があるよ』などと選択肢を示してあげるのはいいですが、**親が子どもの進路を一方的に決めてしまうのはとても危険。子どもが主体性を持たなくなってしまう**からです。子どもも11～12歳くらいになると思考力が深まるため、親が何を望んでいるかを子どもなりに感じ取るようになります。親の期待に応えようとするあまり、自分で考えて自分で人生を進めていくことをやめてしまうこともあり得るのです。親のために勉強をして、親のために受験するといったことになってしまうと、子どもの人生にプラスには決してならないでしょう。

また、第一志望校に受かっても、進学後にその学校が合わないと、『自分は本当は受けたくなかったのに、お母さんのせいだ（お父さんのせいだ）』などと、何でも親のせいにするクセがついてしまうことも。親子関係が悪化する可能性も高くなります。

自分の人生は、何歳であれ自分に責任を持たせたほうがいい。親からすると、『この子にはこの学校が合っているのではないか』と決めてあげたくなると思いますが、最終的には子ども自身が決めるべき。子どもが自分自身で決めたことなら、たとえその後の人生にどんなことが起こっても、納得して受け入れることができます」（鈴木さん）

デメリット　その②
チャレンジしない子になってしまう危険性もある

親の態度や声かけによってはその後の子どもに深刻な悪影響を与えてしまう可能性もあります。

「受験勉強中に塾などで受ける模試の結果に親が一喜一憂するのはやめたほうがいいと思います。最悪の場合、『悪い点数を取ったらお母さん（お父さん）に怒られるから、もう勉強したくない（しない）』などと、子どもがチャレンジを恐れるようになってしまうこともあるからです。また、子どもが不合格になってしまった場合に、親が絶対に言ってはならないのは『お金も時間もムダになってしまったね』というセリフ。**子どもによってはその言葉が大きなトラウマとなり、**

その後の人生で頑張りが利かなくなってしまいます。

このような言葉や態度が出てしまう人は、教育を『消費』だと考えてしまっています。**本来教育は、子どもの未来に向かってじっくり『投資』するもの。勉強の目的は〝合格〟ではなくて、〝成長〟**なので、そこをはき違えないことが大事です」（石井さん）

デメリット　その③
受験テクニックの習得だけに終始してしまうと、入学後に落ちこぼれる場合がある

中学受験をする子の中には、有名難関中学に入りたいあまり、学校の勉強をおろそかにして、受験テクニックを身に付けることだけに注力してしまう子もいるようです。その場合、「基礎学力が積み上がらないので、その後の学力の伸びに大きな影響を及ぼします」と、鈴木さんは警鐘を鳴らします。

「基礎学力が積み上がらないまま、偏差値の高い学校に受かったとしても、授業についていけずに落ちこぼれてしまう場合もあります。中学でどんなに勉強しても学年下位の成績しか取ることができなければ、たとえ有名難関中学に入れたとしても、本人は幸せとは感じないでしょう」（鈴木さん）

デメリット　その④

不本意な学校に入学することになった場合に、6年間の学びの質が下がってしまうことがある

残念ながら第一志望校に合格できず、第二志望以下の中学校に通うケースもあるでしょう。「その際、本人が納得できているか否かが大きな分かれ道になってしまいます」と鈴木さんは言います。

「第二志望のB中学でも、『ここが自分に合っている学校だ』と本人が納得できれば楽しく通うことができますが、『なんでこんなに偏差値が低い学校に来てしまったんだろう』などとマイナ

スに捉えてしまうと勉強に身が入らなくなり、中高6年間の学びの質が相当下がってしまいます。

進学する学校に子ども本人が納得できていないと、進学先の中学にどれほどいいカリキュラムが用意されていたとしても、自分から積極的に学ぼうとする姿勢が身に付かず、いい学びを得られなくなります。

私自身、小学校の学級担任をしていた際、**『やらされている勉強』と『自分からやる勉強』では、学びの質に10倍くらいの差がある**ような印象を受けていました。つまり、『やらされる勉強』の場合、学びの質が10分の1に下がってしまうということ。中学受験がきっかけで、そのような事態になってしまったら本末転倒ですよね」（鈴木さん）

ちなみに、親が志望校を勝手に決めてしまったり、無理やり長時間勉強をさせたり、子どもが受験に失敗してしまった場合に、暴言を吐いたりしてしまう、という行為は、「教育虐待」と呼ばれ、子どもに一生残る心の傷を負わせてしまう弊害が指摘されています。その定義や、「教育熱心」との線引き、教育虐待を防ぐためのNGワードなどを、具体的に解説していきます。

石井 知哉（いしい・ともや）

QLEA教育事業部部長。高校受験Webサイト『School Post』主宰。東京都の塾業界で指導歴20年以上。豊富な経験に基づく独自の理論とメソッドで、小学生の補習から大学受験や大学生の就職対策まで、幅広い層と教科を対象に個々の成長を引き出す指導を得意とする。現在は、大田区で個別指導塾2校舎を統括する傍ら、千代田区麹町に超少人数制個別指導道場『合格ゼミ』を開設。自ら教鞭を執り多くの受験生を志望校合格に導く。『マイナビ中学受験ナビ』『ソクラテスのたまご』等のメディアでも記事を執筆。「教育の目的は幸せな人生を歩むための力の養成」をモットーに、目先の点数や合否を超えた長期的・多角的な視点から知見を発信している。

鈴木 邦明（すずき・くにあき）

1995年、東京学芸大学教育学部 小学校教員養成課程理科専修卒業。2017年、放送大学大学院文化科学研究科生活健康科学プログラム修了。神奈川県横浜市と埼玉県深谷市の公立小学校に計22年間勤務し、学級担任としてさまざまな子どもたちと関わる。現場での長年の実践経験を基に、幼保小連携や実践教育をテーマとする研究論文を多数発表し、教員・保護者向け教育関連情報サイト「学びの場.com」で2011年からコラムを連載するなど、若手教員に役立つ情報を積極的に発信。現在は指導者の育成に軸足を移し、2018年4月から帝京平成大学現代ライフ学部児童学科講師。

第2章

教育虐待を理解する

親の過剰な期待　子に取り返しがつかない弊害をもたらす

小学生の子を持つ親の50％が「教育虐待をしたことがある」と回答。未就学の子を持つ親は17・2％

子どもに幸せな人生を歩んでほしいと願うのは、親としての当たり前の感情です。ただ、「よりよい将来のため」という意図であったとしても、過剰な教育を子どもに強いてしまうと、健やかな成長につながりません。それどころか、青年期や大人になってから不安障害やうつ病といった精神疾患を発症してしまうことすらある、と専門家たちは指摘します。

「教育虐待」などと呼ばれ、近年、社会的に注目されるようになってきたこの問題、子育て中の親なら誰もが無関心ではいられないはず。そこで、教育虐待の定義や、起こる理由、予防策や解決策まで、複数の専門家に幅広く取材しました。「実際に子どもに教育虐待をしてしまった」という当事者たちの声も紹介します。

自分ではセーフと思っていても、実は度を越している可能性も

宿題をせずに遊んでいる子どもに「ちゃんと宿題しなさいよ」と注意したり、「もっと頑張ろうね」とはっぱをかけたり、というのは、子育て中の家庭ではよくある光景です。子どもにきちんと教育を受けさせることは親の義務。その責任を果たすために、適度な範囲で適切な声かけをすること自体は、問題はないと言えるでしょう。

ですが、人はいつも同じように子どもに接することができるわけではなく、つい厳し過ぎる言い方になってしまうことはあるはず。また、**「適度」「適切」と感じる度合いは人によって異なるので、自分ではセーフと思っても、実は世間的には度を越した言動になってしまっている可能性もあります。**

例えば、

- 難関中学を受験させるため、小学校低学年のうちからいくつも塾や家庭教師を掛け持ちし、夜遅くまで勉強させる
- 将来、偏差値の高い大学に行き、社会的地位の高い仕事に就くことを家庭内での前提にする
- 「何事も一番であれ」とはっぱをかける
- きょうだいのうち、成績のいい子どもばかり大事にし、そうでない子どもと差をつける
- 「一度でもレールから外れたら、転落人生を歩むことになる」などと脅す

……といった行為は、教育虐待に当たるといわれます。

スポーツや音楽といった「習い事」関連も対象外ではありません。例えば「まだ保育園児なのに、土日を習い事で埋め尽くし、自由に過ごす時間を与えない」といったことも問題行為だと専門家は見ています。

教育虐待の「定義」や「教育熱心」との線引きについては、次の項で詳しく解説しますが、まず、目を向けたいのは、その弊害。

「親の要求や期待に応え続けるということは、子どもにとって、本来の自分を否定され続けることに他なりません。そうした経験を積み重ねると、子どもは精神に変調をきたしやすくなります。**児童や思春期の子どもというのは、実は精神疾患を最も発症しやすい時期。すぐに異変が出なかったとしても、精神疾患を発症する下地がつくられます。**すると、進学や就職など、環境が激変するタイミングなどで変化に対応できなくなり、不安障害やうつ病を発症してしまうことは少なくありません」。青山学院大学教育人間科学部教授で、神経・精神疾患を専門とする小児科医の古荘純一さんはそう説明します。

たとえ親の期待通りに、偏差値がトップレベルの大学に入学できたとしても、その後すぐに授業に出られなくなったり、就職できずにそのままニート生活に入ったりしてしまうことは珍しくないようです。

不登校や引きこもりより心配なのは、ひたすら我慢し続ける子ども

不登校や引きこもり、非行といった問題につながるケースもあります。「ただし、子どもがそうした行動に出るのは、SOSのサインをしっかり出せているということなので、まだ安心です。一番怖いのは、子どもがSOSを全く出さず、ただひたすら我慢して親の要求に従い続けること。**要領よく結果を出せる子ならいいですが、そうでない子どもの場合、自分の存在意義を見いだせなくなり、リストカットをしたり、他人を傷つけたりしてしまう、といった事態につながることもあります**」。東京成徳大学教授（心理・教育相談センター長）で、長年、小・中学校のスクールカウンセラーを務めてきた田村節子さんはこう指摘します。

学校で自分より弱い友達をいじめてストレスを発散するなどの問題行動につながるケースも多々あるようです。世の中で子どものいじめ問題が根絶しないことと、決して無関係ではないでしょう。

100年時代を生き抜く強さが身に付かないという弊害も

2011年に日本子ども虐待防止学会第17回学術集会で教育虐待の問題を報告し、教育虐待という言葉が社会的に広まるきっかけをつくった武蔵大学教授（教育心理学）の武田信子さんは、子どもが過度の教育を強いられ、偏差値社会を勝ち抜くよう強要されることによって、「他人を蹴落としてでも上にいけばいいといった偏った価値観を植え付けられてしまう弊害もある」と指摘します。

「学びというのは、自分の生きている世界に自分なりに対応していく力を身に付けることです。**たとえ失敗したり痛い目に遭ったりしても、自分で納得できれば先に進む力になりますが、他者**

による理不尽な強制や比較は、傷を深くするばかりです」（武田さん）

人生100年時代を生き抜くためには、その時々の環境の変化に合わせて、一生を通じて学び直し続けていく姿勢が不可欠です。幼少期に過度な教育を強いた結果、子どもたちが、学び続ける意欲を失ってしまったら元も子もありません。

子どもの能力や感じ方は千差万別なので、同じように親が期待をかけ、教育を強要したとしても、それほどダメージを受けない子どももいるでしょう。ですが、子どもによっては、取り返しのつかない弊害をもたらすリスクもあるということを、ぜひ心に留めておきたいものです。

日経DUALが2019年に実施した読者アンケートで、驚きの事実が判明しました。「あなた、またはあなたの家族は子どもに対し、教育虐待をしたことがありますか?」という質問に対し、小学生の子を持つ回答者の何と50%が、現在、または過去に軽度、または重度の教育虐待をしてしまった、と答えたのです。

さらに、未就学の子を持つ親でも0%ではなく、17・2%が「教育虐待をしている(した)経験あり」と答えています。これは教育虐待が決して一部の特殊な家庭で起こっているものではなく、実は非常に身近な問題である証しと言えるでしょう。

「ぼく、じゆうな日が一日もないね…」

「その教育虐待が何について行われたものか」を尋ねた質問では、最も多かったのが「習い事」(40・7%)、次いで「中学校受験」(37%)でした。

教育虐待というと、無理やり机にしばりつけて勉強させる、学力テストの成績が悪いと厳しく叱るなど、勉強面で行われるもの、という印象が強いですが、実際は「習い事」に関する教育虐待が最も多いのも驚きの結果です。「子どもにどのような教育虐待をしてしまっている（いた）のか」を聞いた質問でも、「年長から小2まで、土日に囲碁と剣道の稽古を入れ、夏休みはスイミングの集中レッスン。ある日、風呂の中で子どもから『ぼく、じゆうな日が一日もないね…』と言われ、ハッとした」「『プールお休みしちゃった』と言われるたびに、『振り替えはいつ行くの！』と詰問調で問い詰めているうちに、休んだことを隠すようになった」など、習い事に関する多くの回答がありました。

王道ともいえる「勉強に関する教育虐待」についても、「残っている課題・宿題が発覚したときに、冷静になれず、激怒することが多々あった」「テストの結果が悪いと罵声を浴びせることもあります」など、数多くの赤裸々な告白が寄せられています。

教育虐待をしてしまった結果、「かえって本人のやる気をそぐ結果になった」「テンションが常に低く、学校でけんかが多い」「子どもが新しいことをやりたいと言わなくなってしまった」などと、さまざまな悪影響が生じていることも明らかになりました。

ただ、こうしたSOSのサインを子どもが出し、それに親も気付いているということは、取り返しのつかない事態に発展する手前で親子共に引き返せる余地があるともいえます。

Q. あなた、またはあなたの家族は子どもに対し、教育虐待をしたことがありますか?

A. 「教育虐待をしたことがある」が全体の約30% 小学生以上の親に絞ると50%にも

【全回答】

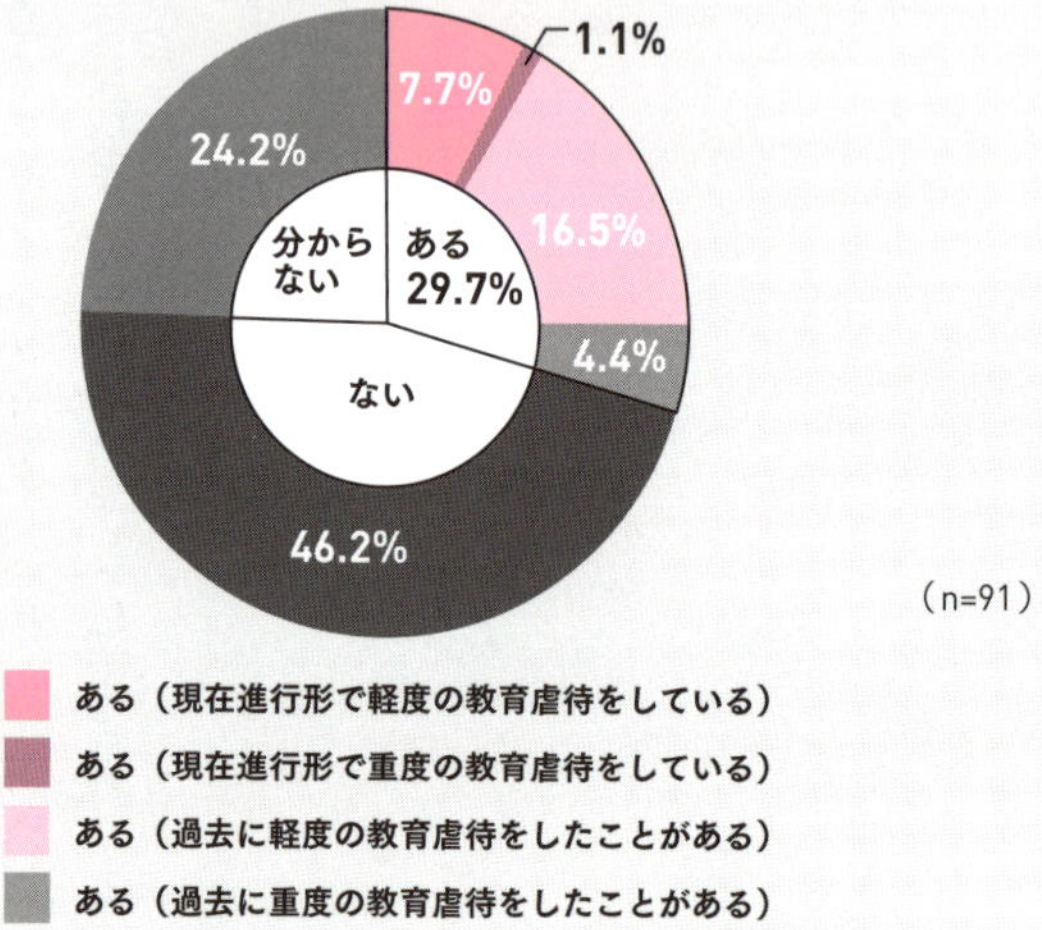

【未就学の子を持つ親の回答】

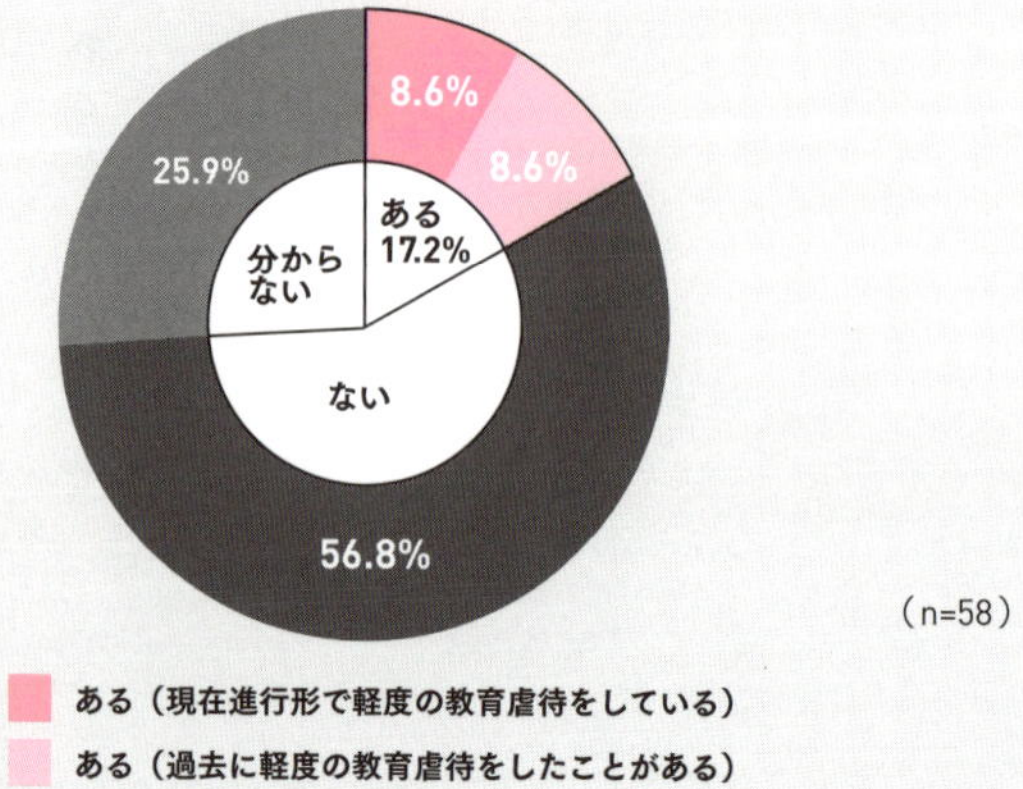

【小学生以上の子を持つ親の回答】

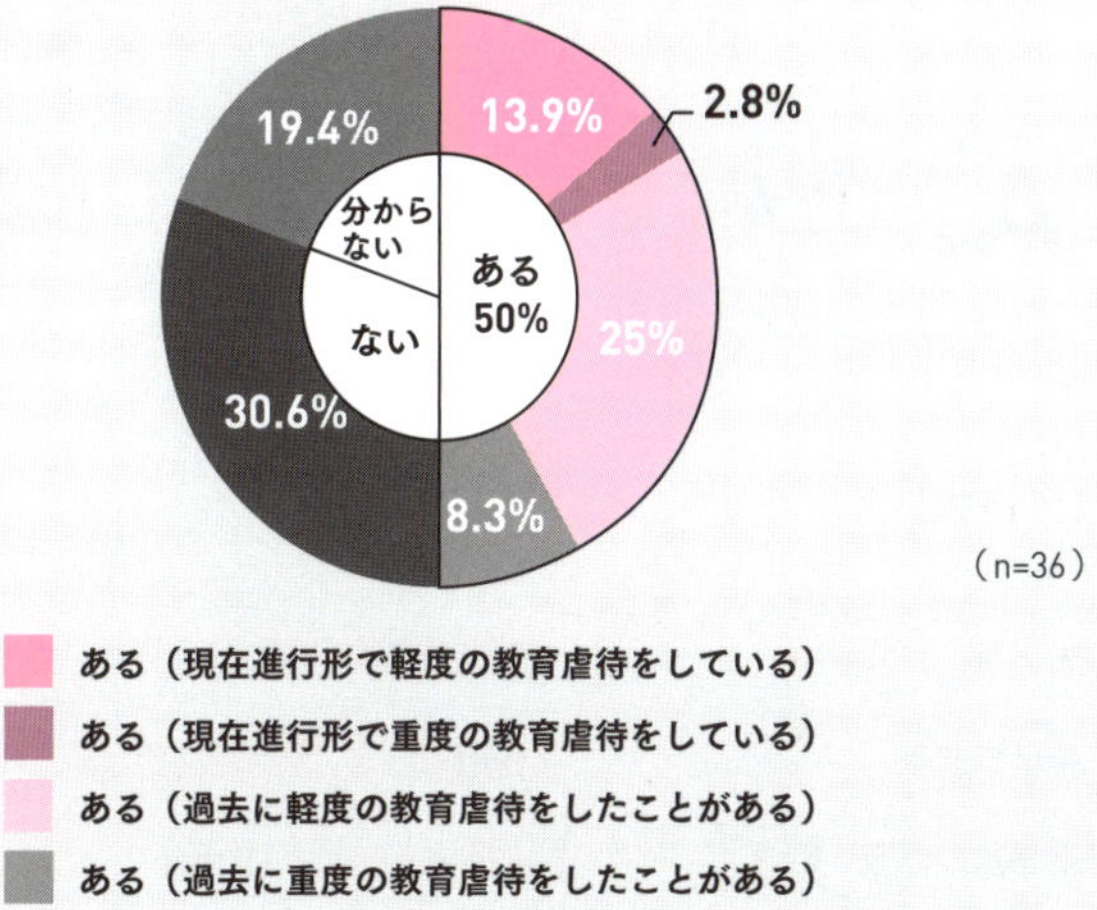

Q. 教育虐待は、どのくらいの頻度で行っていますか（いましたか）。

A. 「毎日・日常的に」が約26%

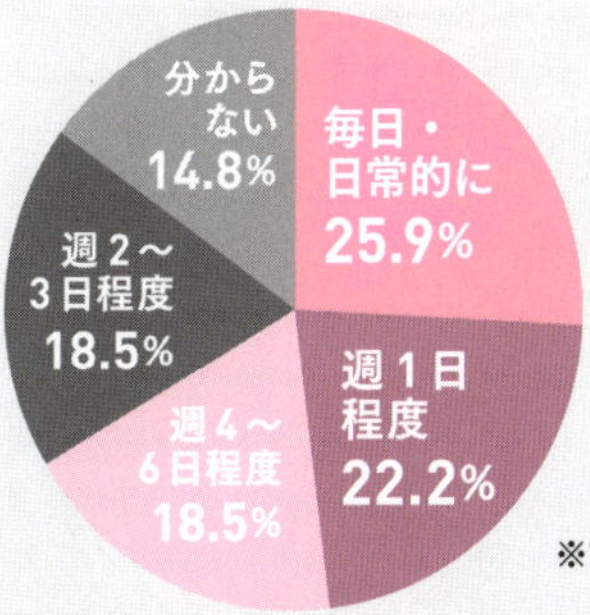

※前問（全回答）で「ある」と答えた27人の回答

Q. その教育虐待は、何に対して行われている（行われた）ものでしょうか。

A. 1位が「習い事」、2位が「中学受験」

【全回答】

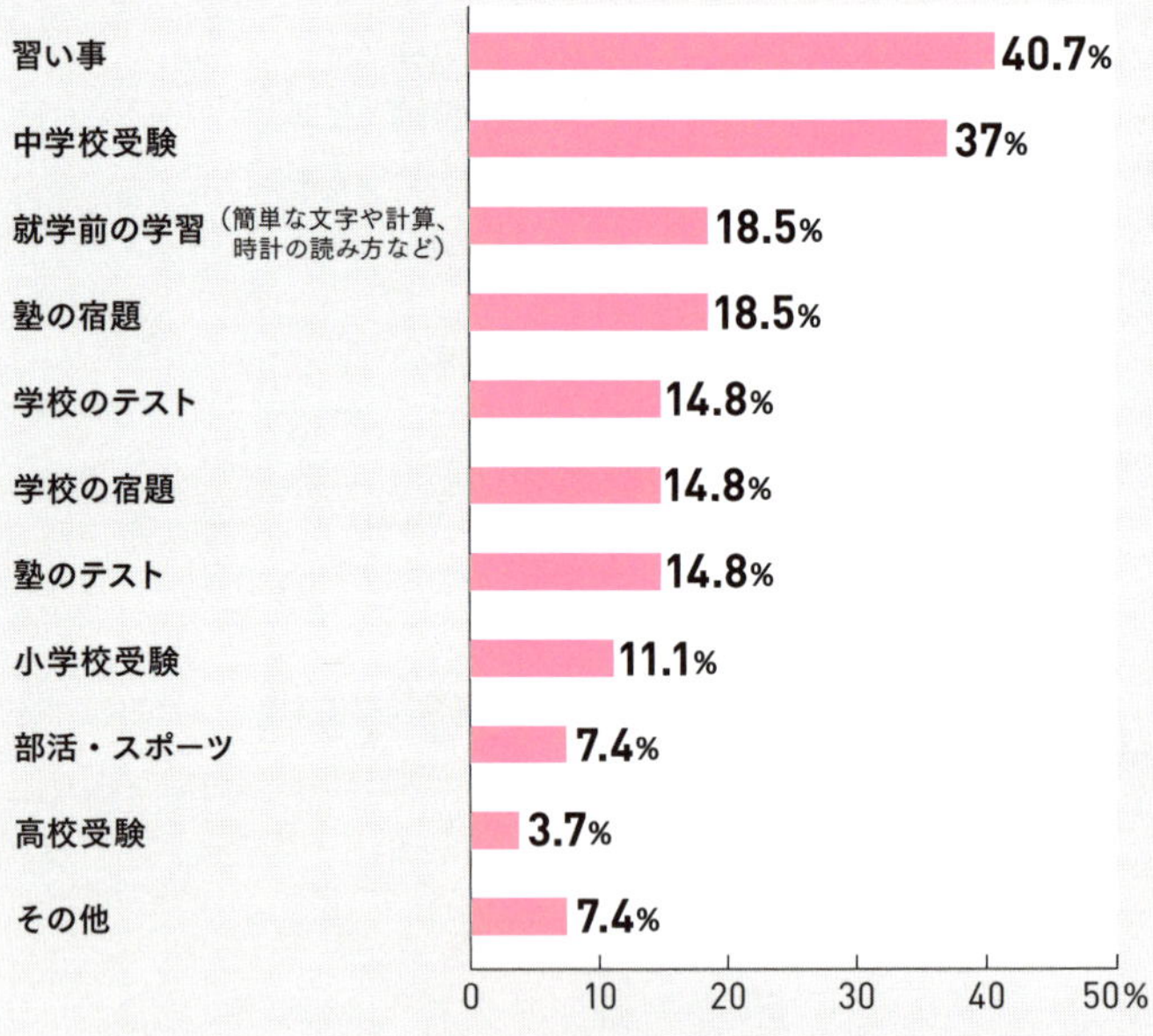

※前問と同じ27人の回答

Q. その教育虐待の具体的内容などについて教えてください。

A.

- 虐待という言葉は使いたくないが、小学校受験を控えており、土日に4つの塾を掛け持ちしている。平日もよく勉強時間に怒鳴ってしまう。（42歳女性、子ども年中）

- 長男が4年生になるタイミングで、本人とも話し合って中学受験のため受験塾に通い始めた。しかし、5年生に上がってカリキュラムが厳しくなり、成績もだんだん振るわなくなってきたので、「このままでは乗り切れないよ！」と、塾の宿題やテストの準備を親が率先してやらせた。それがますます本人のやる気をそぐ結果になり、最終的には受験そのものを断念する事態に。（43歳女性、子ども小5）

- 中学受験専門塾に入れた。これまでは毎日、学校の宿題と公文の宿題数枚をやっていただけだったのに、今では週末もほとんど遊ぶ時間がなく、塾の宿題に追われて子どもは泣いている。年齢的なこともあると思うが、子どもはテンションが常に低く、学校でけんかも多いようだ。（43歳女性、子ども小3）

- 子どもの希望でサッカー、空手、バスケをやっていました。疲れたり足が痛いから行きたくない、と言うときもありましたが、夫は一度休むとさぼり癖がつくと考えていて、無理にでも行かせていました。（中略）一度やりたいと言ったらなかなかやめさせてもらえないことを子どもなりに感じたようで、新しいことをやりたいと言わなくなってしまいました。（42歳女性、子ども小3、小5）

● 年長から小2まで、土日に囲碁と剣道の稽古を入れ、通信教育もさせていた。夏休みはスイミングの集中レッスン。月に一度は里山探検や昆虫採集に出かけ、スケジュール管理で大変だった。ある日、風呂の中で子どもから「ぼく、じゆうな日が一日もないね…」と言われハッとした。（中略）現在は、宿題が100点でないと、父親がきついダメ出しをするのが気になっています。（51歳女性、子ども小3）

● 最初は子どもが希望し、習い事を始めたが、種類が増えていき、子ども自身が負担を感じてやめたがったにもかかわらず、「あなたがやりたいと言ったんでしょ」とやめさせてあげなかった。結果、腹痛など身体に症状が出てきて、カウンセリングを受けることになり、担当医の指示により本人が希望するもの以外はすべてやめさせることになった。（47歳女性、子ども小6）

● 4年生の上の娘に、空手週3回、ピアノ週2回、英語隔週、といった感じで習い事をさせているが、さらに、中学受験のために週3回塾に行かせることになりました。本人はしんどがってるのですが、やめるかどうかを聞くとやめないと言います。親としてはせっかくここまでやってきたことを無駄にしたくなくて、やめてもいいと言いながらも、子どもに続けるように無言の圧力をかけているような気がします。（49歳女性、子ども小4）

● 中学受験のため塾に週3回、国語塾に週1回、家庭教師週3人、英語週1回。そのために子どもが好きだったエレクトーンと体操をやめさせた。家にいる時間がストレスなんだろうと思うが、親に八つ当たりをすることも増え小学生にこんなことをさせていいのかと思いながら過ごしている。（47歳女性、子ども小6）

［調査の概要］ 日経DUALが2019年3月8日～3月25日にかけてインターネット上で実施。94人から回答を得た。回答者の内訳は女性が88.3%、男性が11.7%。就業形態は正社員が78.7%、公務員が5.3%、契約社員と経営者が各2.1%、フリーランスとパート・アルバイトが各3.2%。子どもがいると答えた人（91人）の内訳として、子どもの数は「1人」が41.8%、「2人」が47.3%、「3人」が9.9%、「4人以上」が1.1%。

「教育熱心」と「教育虐待」線引きはどこに？

経済的自立を偏重し、精神的な自立が後回しに。教育虐待が起こりやすい4つの背景とは

共働き家庭ならではのリスクもある？

子どもの虐待問題は貧困などと密接に結び付きやすく、社会的な支援が必要な家庭で起きるケースが少なくありません。しかし、同じ虐待といっても「教育」虐待の場合、経済的に余裕があり、何の問題もないように見える恵まれた家庭で起きるケースが少なくない、と複数の専門家が指摘します。

武蔵大学教授の武田信子さんによると、教育虐待に走りがちな家庭には、

❶両親共に高学歴で社会的地位が高い

❷親が経済的事情などでかつて進学を諦めた

❸母親がキャリアを捨てて専業主婦になった

❹家庭の中で母親だけ学歴が低く、夫の親族から重圧を感じている

といった特徴があるそうです。

夫婦共にキャリアをまい進している共働き子育て世帯の場合、❶に近いケースが少なくありません。

「**両親共に高学歴の場合、『成績はよくて当然』という雰囲気になりやすいため、子どもにとっては生まれながらの重圧になりやすい。**たとえ親が口に出して『勉強しなさい』『いい成績を取りなさい』とうるさく言わないとしても、子どもの側が親の意向をくみ取って、『期待に応えなくては』と頑張ってしまうパターンに陥りがちです」。神経・精神疾患を専門とする小児科医の古荘純一さんはこう説明します。

共働き家庭の場合、子どもの教育に夫婦が共に当たる場合が多いため、役割分担をしないが故のリスクもあるようです。「中には両親共に教育熱心で、子どもに対して、『あれができていない』『ここが心配だ』などと細かいところまで指摘して、まくし立てている家庭もあるようです。**ステレオのように両方から責め立てられると、子どもは逃げ場がなくなってしまいます**よね」（古荘さん）

ダブルインカムの共働き家庭では、家計に余裕が出やすいため、中学受験のための塾に高頻度で通わせたり、家庭教師をつけたりと、教育費にお金をかけやすいという特徴もあります。進学塾や教育熱心な私立中学の中には、テストの点数に応じて細かくクラス分けをしたり、学習内容を先取りし、年齢にそぐわないほどのハイレベルな内容を教えたりするところもあります。

「そうした環境についていける子はいいですが、ついていけない場合、精神的に追い込まれてしまうこともあります。**過度に競争的な環境に子どもを入れることも、場合によっては虐待になり得ます**」(武田さん)

夫婦間でコミュニケーションが取れていないことが、教育虐待につながることもあるようです。「もともと夫婦間が非常に不仲で、家庭の中での緊張が強いという状況は、それ自体が子どもにとっては心理的虐待といえます。そこにきて、夫婦で教育方針が異なり、それぞれが子どもに、自分の方針に従うように強要したりすると、教育虐待になります。子どもは、どう対応していいか分からず混乱してしまいますよね」(古荘さん)

「これまで診てきたケースの中で、共働き子育て中の家庭が、特に教育虐待をする傾向が強いとはいえません」と古荘さん。ただ、右記のように、教育虐待につながりやすい要素がいくつかあることも事実です。留意しておくに越したことはないでしょう。

塾に通わせたり、親が教育方針を立てたりすること自体は、虐待というより、「親心からくる、善意の行為」にすぎないように思えます。「教育虐待」と「教育熱心」の間の線引きはどこにあるのでしょうか。

子どもの発達段階を考慮しない教育の押し付けは、「子どもの将来のため」という意図でもアウト

「**親がどんな意図で行っているかは関係ありません。**いくら『子どもの将来のため』といった、子どもを思う気持ちが前提にあったとしても、**教育を強いる親の行為が子どもの受忍限度を超えており、子どもにとって有害であれば、それは教育虐待**といえます。子どもの要求やニーズを無視したり、発達段階を考慮せずに行ったりする一方的な教育の押し付けは、子どもの心を著しく傷つける恐れがあるのです」。古荘さんはこう指摘します。

ちなみに古荘さんは、**子どもに発達段階を考慮しない教育を押し付けることで、本来、その時期に与えるべきだった教育を施せなくなる**、といった観点も鋭く指摘。「**子どもなりの成長の機会を摘み取ってしまうという意味では、教育ネグレクトともいえます**」と警鐘を鳴らしています。

教育虐待の影響は、リアルタイムで現れるとは限りません。じわじわと水面下で子どもの精神を侵食し、その子が大人になってから問題が露呈するケースもあります。ただ、そこで初めて、「あの頃、自分のしていたことは教育虐待だった」と反省したとしても取り返しがつきません。私たち親は、アンテナを何本も立てて子どもの様子を注意深く見守り、自分の期待や要求が、子どもが受け入れられるレベルを超えていないかどうかを見極める必要があるといえそうです。

教育虐待が起こる4つの背景

一体、教育虐待はなぜ起こってしまうのでしょう。取材の内容を総合すると、次の4つの背景があるといえそうです。

背景① 親が「義務教育」の意味を取り違えている

本来、教育は憲法でも定められた子どもの「権利」。「義務」ではありません。「義務教育」の「義務」は、「親や社会が、子どもに適切な教育を施す義務」を指します。しかし、**「勉強は子どもの義務である」と曲解されがちで、それが、勉強を子どもに無理強いしてもOKという風潮の、大きな要因の一つになっている**ようです。

「子ども自身も、勉強というのは無理やりやらされるものと思い込み、疑問を抱いていないケースが多いですね。本来、勉強は楽しく行うものなのですが、子ども自身がその感覚を持てずにいるとしたら、とても残念なことだと思います」（武田さん）

背景② 「減点主義」の価値観や、偏差値絶対主義がまん延している

「減点主義」は日本人の大きな特徴の一つ。子どもの成長も一律に捉えがちで、「この時期にはここまでできていて当然。できない子は問題児」「テストはいい点を取るのが当たり前で、取れなかったとしたら努力不足」といった考え方がベースになっている傾向があります。戦前の「帝国大学」を頂点とする教育システムの在り方が、基本的にそのまま続いていることから、偏差値が重視され、敷かれたレールから外れないことが大切とされています。

また、「いい大学に進学すれば、大企業に就職でき、一生幸せに暮らせる」といった考え方が今も幅を利かせています。「親たちを過度な教育の強要に駆り立てている背景には、こうした社会の価値観やシステムが存在しています。決して親だけが悪者とはいえません」と複数の専門家が

指摘します。

背景③ 「経済的自立」だけを重視し、「精神的自立」が後回しになっている

子育ての最終ゴールは、子どもを自立した人間に育てること。自立には、親から経済的に独立し、自分で自分を養うことができるようになる「経済的自立」と、自分の軸をしっかり持ち、物事を正しく判断でき、自分で決めたことに自分で責任を持てるようになる「精神的自立」の2種類がありますが、**「今の世の中は、経済的自立ばかりが重視されていて、精神的自立が後回しになっています」**と、東京成徳大学教授の田村さんは指摘します。

子どもの意思や気持ちを尊重せず、親の一方的な思いで教育を押し付けてしまうと、子どもの精神は健全に発達しません。たとえ、子どもが親の思惑通りにエリートコースに乗り、経済力のある大人になれたとしても、精神の発達が伴っていなければ、さまざまな人生の荒波を渡っていくことができず、いずれ行き詰まってしまう危険性もあるでしょう。

背景④ 親が自分の満たせなかった夢を子どもに託してしまっている

教育虐待に走ってしまう親の多くに共通するのが、自分自身の学歴やキャリアに満足しておらず、「本当はもっと上に行きたかったのに行けなかった」といった満たされない思いを抱えていることと。これに加えて、子どもを独立した人間ではなく、自分の付属物や作品のように考えてしまう場合、「自分がつかめなかった夢を子どもにつかんでもらいたい」「子どもでリベンジしよう」という発想につながりやすく、子どもの意思や気持ちを無視して、過度な教育を強要してしまうようです。

日経DUALが実施した読者アンケートで、「『教育虐待』と『教育熱心』はどのあたりで線引きされるか」について、意見を募ったところ、任意の質問だったにも関わらず、回答者の91%に当たる86人から活発な回答が寄せられました。次ページで紹介します。（アンケートの概要は45ページ）

Q.「教育虐待」と「教育熱心」はどのあたりで線引きされると思いますか。

A.

- 不可能なことを強要するのが虐待だと思う。不可能なことを可能にすべく簡単なことから始めて興味を持たせて引っ張り上げていくのが教育だと思う。（50歳女性、子ども中1以上）

- 子ども本人が望んでいないなら、すべて虐待になると思います。（43歳女性、子ども小5と中1以上）

- いずれも自分の子どもを「頭のいい子」に育てたいと思う気持ちは同じだと思うのですが、「教育虐待」となると、子どもの気持ちを無視し、親の一方的な思いを押し付けているだけ。「教育熱心」は、子どもの気持ちを尊重しつつ、子どものレベルを把握し、導いている感があります。（48歳女性、子ども小1と小5）

- 子どもに選択肢を与えるか与えないか。子どもが途中でやめたくなっても、子どもに意見を求め、一緒に答えを出した上で背中を押してあげることは虐待とはいわないだろう。（36歳女性、子ども0歳と2歳）

- 親子共に、それをやることの目的を見失い、宿題や教室通いを義務感でこなすのみになってくると、虐待色が強くなってくると思います。（36歳女性、子ども年少）

- 本人の意志を尊重しないで、または、聞く耳を持たずに強行することが虐待ではないかと思う。（46歳女性、子ども小1）

- 勉強や習い事で日々の生活がギツギツに詰まっていて、子どもがイキイキしていない状況だと虐待になっていると思う。一方、傍から見たら大変そうでも、本人がやる気で頑張っているのなら虐待ではない。個別に線引きする必要がありそう。（42歳女性、子ども0歳と年少）

- 子どもは後先考えず、その場の雰囲気でやりたがったり、すぐに興味をなくしたりしがちです。本人が苦痛を感じているのに無理強いをさせるのは虐待だと思う。子どもが親に気を使ったりせず、何でも話せるような親子関係を築くことが大事だと思う。（48歳女性、子ども中1以上）

- 優しい虐待（褒めることでさりげなく子どもの行動を制限・支配すること）という言葉もあるように、子の学習や習い事に関して親が意見を述べることは、既に虐待の始まりだと思う。（40歳女性、子ども0歳）

- 明確な線引きはなく、程度問題だと思う。また、親子できちんと話し合い、子どもの言い分を聞いて、都度、親も自分の考えを伝えるというプロセスがあるかどうかが分かれ目なのでは。そこに子どもの納得感があれば、虐待ではないと考えている。（43歳女性、子ども年長）

- 子どもがその子らしくなくなり、生活や人間関係に影響が出てくるようなら、親がどの程度の頻度、期待でやらせて

いても教育虐待といえると思う。（42歳女性、子ども0歳、小1）

- 気軽にチャレンジできなくなるほどの責任や義務を負わせるのは虐待だと思う。（33歳女性、子ども1歳、年中）

- 子どもが嫌がったとき、その子に腹落ちするような説得ができるか（「プールは体幹を強くするから、あなたが好きなバスケに通じるよ」とか、「そろばんは頭の体操だから、学校の勉強がラクになるよ」とか）。子どもが腹落ちしないなら、子どもの希望通りやめさせるべきだと思います。（49歳女性、子ども中1以上）

- 子どもの意思を確認せずにスケジュールを詰め込んだり、行きたくないと言っているのに連れて行ったりするのは明らかに教育虐待だと思う。また、親が喜ぶのがうれしい子どもの特徴を利用して、親の意向に沿うよう誘導するのも、教育虐待に当たるのでは。子どもは親の顔色を見て嫌だ、やめたいと言い出せないことがある。元気がない、目に輝きがないと気付いたときは、問い詰めるのではなく、様子を見ていくことが大切だと思う。（51歳女性、子ども小3）

- 子どもが多少嫌がっていても嫌な時期を乗り越えて楽しめるようになったり、好きになったり、得意に変わったりすることもあるので、心身に影響を及ぼしていないのならば教育虐待とはいえないと思う。（46歳女性、子ども小1）

- （線引きが）分からないので、日々悩んでいる。わが家では習い事も受験も親が選択肢を提示しつつ、最終的には本人に選択させているつもりだが、選択肢を示すこと自体が、結局誘導しているのではないかと思うこともある。（44歳女性、子ども小5、中1以上）

● 面倒くさい、嫌だ、やりたくない、という子どもを厳しくしつけるのは、虐待ではないと思う。勉強を嫌がる理由に向き合い、解決することが大切だと思う。（47歳女性、子ども小4、中1以上）

● その子どもがその当時には嫌がっていて親が強要したという状況があったとしても、長じたときに、感謝あるいは、良かったと思えば虐待ではなく「教育熱心」だったといえるのでは。職場の先輩ママから聞いた話だが、子ども（男の子）が小学生のとき、ピアノのお稽古を嫌がって仕方がなかったのでやめさせたが、その子どもが中学生になってから「自分は楽器が弾けたらよかった」と言うので「あなたが嫌がったからやめたんでしょう」と言ったところ、「嫌がってもやらせてできるようにするのが親だろう」と言われたとのこと。難しいです。（50歳女性、子ども小5）

古荘 純一（ふるしょう・じゅんいち）

小児科医、小児精神科医、医学博士。青山学院大学教育人間科学部教授。1984年昭和大学医学部卒業。昭和大学医学部小児科学教室講師、青山学院大学文学部教育学科助教授を経て、現在に至る。日本小児精神神経学会常務理事、日本小児科学会用語委員長、日本発達障害連盟理事、日本知的障害福祉協会専門委員などを務めながら、医療臨床現場では神経発達に問題のある子ども、不適応状態の子どもの診察を行っている。青山学院大学では、教育、心理、保育などで子どもに関わる職種を目指す学生への指導を行っている。2019年4月に『「いい親」をやめるとラクになる』（青春新書）を出版。この他『教育虐待・教育ネグレクト』（共著）、『日本の子どもの自尊感情はなぜ低いのか』（共に光文社新書）、『発達障害サポート入門』（教文館）など著書多数。

田村 節子（たむら・せつこ）

東京成徳大学心理・教育相談センター長・教授、公認心理師、臨床心理士、学校心理士スーパーバイザー 筑波大学大学院出身。博士（心理学）。3人の男の子を育てながら、長年、小中学校のスクールカウンセラーとして活動。親と教師が一体となって子どもを援助する"チーム援助"を提唱している。カウンセリング活動の過程で開発した「石隈・田村式援助チームシート」は、全国の教育現場で活用されている。多くの親子の悩みに触れるうちに発見した親と子の関わり方の法則「親と子が幸せになるXとYの法則」はテレビでも話題に。著書に『子どもにクソババアと言われたら』（教育出版）など。

武田 信子（たけだ・のぶこ）

武蔵大学人文学部教授。1962年名古屋市生まれ。東京大学大学院教育学研究科博士課程単位取得退学。臨床心理士。2児の母。養育・生活環境を整える中で心の問題を予防・改善する仕事に取り組む。1999～2000年トロント大学大学院客員研究員として、ソーシャルワーク教育、コミュニティーワーク、子育て支援等を研究。2011年日本子ども虐待防止学会第17回学術集会で「子どもの受忍限度を超えて勉強させること」の弊害について問題を提起。「教育虐待」という言葉が社会的に大きく広まるきっかけをつくった。

第3章

教育虐待を防ぐために親が心掛けるべきこと

子の幸せ見極め教育虐待を防ぐ　NGワード&考え方

教育虐待となり得る親の言動「チェックリスト」&未然に防ぐ6つのポイント

教育虐待は、教育の皮をかぶった虐待ともいわれ、親からすると「よかれ」と思ってやっている行為が、結果として、教育虐待になっているケースも少なくありません。

加害者であることを自覚するのが難しい背景には、子どもは親がいなければ生きていけない存在であり、子ども自身が、親の意を本能的にくみ取ってしまうことがあります。それだけに親としては、日ごろから自分たちの行為や考え方に注意を払い、**「〇〇でなければ認めない」といった、条件付きの愛情にならないよう気を付けなければなりません。**まずは、どんな行為や考え方が教育虐待につながるのか、親が知っておくことが重要です。

専門家への取材や日経DUAL読者アンケートを基に、「教育虐待につながる親のNGワード&考え方」をまとめたチェックリストを作成しました。例えば、「親の意に沿わない子どもの言動は、あたかも聞こえなかったかのように無視するか、ため息や表情などによって、子どもをコントロールしようとする」など、次ページの13のチェック項目のうち、一つでも身に覚えがある場合には注意が必要です。

親の「よかれ」と思っての言動が子どもを追い詰めている可能性も!
ママは舞の将来を考えてやってるの!
ママみたいなみじめな思いさせたくないの!!
びく

中学受験に挑む4組の親子を描いた『中学受験をしようかなと思ったら読むマンガ』(高瀬志帆著、日経BP刊)の一コマ。子どもの勉強に対する親の関わり方や教育虐待につながりかねない親の言動などについても、エピソードを通じて具体的に学ぶことができる。

13のチェック項目で
教育虐待かどうかを見極める

教育虐待につながるNGワード&考え方チェックリスト

CHECK 01 塾や習い事などは「一度始めたら、最後までやり遂げるべき」だと考え、子どもがやめたがっているのにやめさせない。または、やめたいと言い出しにくい雰囲気が家庭の中にある。 □

CHECK 02 親の出身校と同じ学力レベルか、それ以上の学校に入るのは大前提。子どもの意見を聞くことなく、親が中心となって子どもの進路を決めている。 □

CHECK 03 親の意に沿わない子どもの言動は、あたかも聞こえなかったかのように無視するか、ため息や表情などによって、子どもをコントロールしようとする。 □

CHECK 04 子どもの意思を確認しないまま、親が勝手に塾や習い事の予定を決めている。 □

CHECK 05 子どもが同じ行動をしているにもかかわらず、気分によって叱るときと叱らないときがある。 □

CHECK 06 親から見て好ましくない友達とは、親しくすることを認めない。 □

CHECK 07 もっと学びたいと思う子どもの気持ちを無視して、必要な教育を与えない。 □

CHECK 08 勉強やスポーツの成績を、他のきょうだいやクラスメートと比較する。 □

CHECK 09 「なんでこんなことも分からないの？」と言って、子どもの尊厳を傷つける。 □

CHECK 10 「あと〇点とれば、100点だったのにね」と、否定から入る。 □

CHECK 11 「そんなんじゃ、まともな大人になれない」と、将来を悲観させるようなことを言う。 □

CHECK 12 「（塾や習い事などに）いくらかけている（かかった）と思っているの？」と、子ども自身ではどうにもできない、金銭的な負担を後ろ盾に子どもをコントロールしようとする。 □

CHECK 13 受験や習い事などで親の思う結果にならなかった場合、「失敗だった」「すべて無駄になった」などと言い、子どものそれまでの努力やプロセスに目を向けようとしない。 □

いかがでしょうか。どんなに気を付けていたとしても、子どもの将来を思う気持ちから、つい厳しい言葉が出てしまって、子どもにストレスを与えてしまうことはあるでしょう。

しかし、家庭が安心できる場所であり、そこに親の真の愛情が感じられるなら、子どもは多少のストレスであれば自らの糧に、大きく成長していってくれるはず。「子どもが健やかに成長するために最も大切なのは、家庭が子どもにとって安心できる居場所であり続けること」だと、東京成徳大学教授の田村さんも言います。

子どもにとって、家庭がいつも「安全な居場所」であるためにはどのようにすべきなのでしょうか？　専門家への取材内容を総合して、「６つのポイント」にまとめました。

家庭を子どもにとって「安心な居場所」にするための6つのポイント

❶そもそも家はくつろぐ場所。シャキッとすることを求めない

家に帰って子どもがダラダラしていたとしても、学校などでしっかりできているのなら、無理にシャキッとさせる必要はありません。子どもにも大人と同じように外面と内面があるもの。むしろ、外で頑張るためにも家ではホッとできるよう、ゆったりとしたペースで生活できることを意識しましょう。

❷夫婦(パートナー)が、それぞれ違った役割を担う

共働き家庭にとって、夫の育児参加は当たり前となりつつあります。しかし、「勉強しなさ

い！」と厳しく言うのはどちらかだけで十分。二人でガミガミ言っては子どもには負担ですから、「お父さんが宿題を見るなら、お母さんは子どもの愚痴を聞く」などと役割分担をして、子どもの逃げ場を奪わないようにします。

❸ 夫婦円満、だんらんのある家庭を目指す

子どもにとっての愛着対象であるお父さん、お母さんの仲がいいと、子どもに安心感を与えます。たとえ夫婦げんかをしたときでも、子どもの前では、お互いを中傷しないことを心掛けましょう。また、**だんらんのある家庭で育った子どもは、たとえ道を外れてもいずれは戻ってきます。**忙しくても、意識的に家族だんらんの時間を設けるようにします。

❹ 一度始めたことは、「最後までやり遂げるもの」と決め付けない

子どもが何かを「やりたい！」と言い出したとき、親がやっておきたいことは、次の5つです。

（1）子どもに、それを始める上での目標は何かを尋ねる。

（2）続けていくうちに、どのような壁にぶつかることが予測されるのか、子どもにも理解できるように説明する。

（3）それでもやると言ったら、責任を持ってやり遂げることを条件に始める。

（4）途中で子どもが「やめたい」と言った場合には、「教え方が子どもに合っているか」「友達同士にいざこざはないか」「ラクに楽しめて、子どもの関心が移りやすいようなものが周囲にないか」等について、子どもの話をよく聞きながら確認する。

（5）それでもやめたいと言ったら、人はいつでも何歳になっても挑戦できる存在であることを子どもに伝えた上で、潔くやめさせる。「目標を達成するタイミングや手段は他にもある」ということを念頭に置き、やめたことに固執しない。

❺子どもの言葉を否定せずに聞く「○○ちゃんタイム」を設ける。

1日5分、曜日や時間を決めて週に2~3回、その時間だけは、親が子どもの話すことの聞き役に徹する時間をつくります。その間、親からのツッコミは禁止。「絶対に怒らない」と約束してから、安心して心の中にたまったうっぷんを吐き出させます。解決するのを目的とせず、子どもが「自分の気持ちを分かってもらえた」と実感できることを目指します。

❻他の子やきょうだいと比べて褒めたり、けなしたりしない

きょうだいやクラスメートなどと比較して褒めても、子どもは、条件付きの愛情を与えられたと感じてしまいます。**ありのままの子どもを受け入れるには、目先の結果ではなく、子どもの努力などのプロセスを評価することが大切**です。また、親自身がより広い視野を持つことで、それまでこだわっていた評価基準が、限られた世界だけのものだったと気付くことも。一度、子どもや受験以外のことに目を向けてみるのも大切です。

「経済的自立」一辺倒を抜け出し、「精神的自立」を促すためには？

教育虐待をしないためには、「子育ての目標」を見失わないようにすることも大切です。

「子育ての目標とは、子どもを自立させること。自分で考え、自分で行動して責任を取る。そういう大人に育てるには、『経済的自立』と『精神的自立』の二つが必要です。ただ、残念なことに、多くの親は、いい学校に入り、いい会社に入るという経済的自立ばかりを重視しています。精神的自立が後回しにされてしまっているのです」（田村さん）

教育虐待はある意味、子育ての目標が「経済的自立」一辺倒となってしまった弊害でもあります。子どもの精神的自立を促し、教育虐待を未然に防ぐため、親が心がけるべきこととはどのようなことでしょうか？

●子どもの意見を、親が誘導しない

小さな頃から「あなたはそう思うのね」と受け止めてもらってきた子どもは、自分の尺度を持ち、親や他人の目を気にしなくてもいいと感じられるようになります。しかし、実際には多くの親が、子どもが「これがいい！」と決めても、「こっちもいいんじゃない？」と誘導しているのではないでしょうか。

もしも、子どもが親の望み通りの選択肢を選び続けているなら、本当にそれを望んでいるのか、表情や行動から確認する必要があるかもしれません。こうすれば絶対に幸せになれると親が思う道も、最終的に歩むのは子ども自身です。情報提供した上で意見をよく聞いて尊重することが大切です。

（武田さん）

●「失敗しても大丈夫」と伝える

人生は何度でも学び直せるものだと伝えることが大切です。必要なのは、失敗しないことではなく、いつでもやり直せる環境に身を置くこと。そうした考えは、幼い頃の積み木遊びでも伝えられます。

多くの親は、子どもが積み木を積み上げられたことを喜びます。出来上がったものを壊れないように飾っておこうとしたり、途中で壊れたときに、「あーあ、壊れちゃったね」と落胆したりします。しかし、本当に大切なのは、壊れてからでももう一度積み上げられることですよね。「また作れるね」と声をかけて、繰り返しやらせましょう。人も社会も、一度壊れたとしても何度でも再生できると伝えてあげてください。

（武田さん）

●親自身が再挑戦する姿を見せる

子どもは、親ができなかったこと、本当はやりたかったことなどを託す「作品」ではありません。もしも親自身に、これまでの人生の中でやり残した後悔があるのなら、今からでも、再挑戦してみてはどうでしょうか。子どもは親の言う通りにはなりませんが、親のようにはなっていきます。そうした背中を見せるだけでも、子どもにとって貴重な経験となるはずです。

（田村さん）

●友達付き合いのチャンスを奪わない

子どもが精神的自立をしていくプロセスにおいて、友達関係の構築は欠かせません。親の悪口を言い合い、異性を意識して秘密を共有する中で、子どもは友達との親密な関係を築いていきます。

時には暴言を吐き、親を敵視することもあるかもしれません。それでも子どもを温かく見守り、子どもが友達と遊ぶチャンスを奪わないようにすることは、子どもが親から自立していく上では必要不可欠なことです。

（田村さん）

先ほど紹介した教育虐待のチェックリストは、「教育虐待をしている親・していない親」を分けるもので

はありません。それぞれの専門家が口をそろえて言うのは、日本の社会全体に教育虐待につながりやすい要因があるということ。多くの親がそのことを自覚し、自分を責めるのではなく、アドバイスを胸に刻むことで、教育虐待を未然に防ぐことは可能になるのではないでしょうか。

episode vol. 1 子どもの夢は誰のもの?

Column

子どもの心のSOS発信マンガ

愛しているのにまさか私が教育虐待?

わが子に過剰な期待と負担をかけ、結果として子どもの心を傷つけてしまうのが教育虐待。このコラムでは、子どもを思う親だからこそしてしまう恐れのある教育虐待について、マンガを通して考えていきます。東京成徳大学教授で臨床心理士の田村節子さんや、コーチングの専門家である菅原裕子さんの解説と併せてお読みください。

目標は達成したのに、やりたいことが見つからない…

message

教育虐待避けたいなら
「親の夢」を子に託さないで。
自分の人生を上書きするために、
無意識にこんなことしていませんか？

母親は子どもが自分から生まれてきたということから、無意識に、自分と子どもがつながっているように思う傾向があります。その結果、子どもに自分がなし得なかった夢を託してしまいがちです。子どもを自己実現の手段にすることで、自分が満たされようとするのですね。これを「未完の行為」と呼びます。「未完の行為」を強いられる子はどのように育つと思いますか？

思春期になり、親のことを他者と見て自立することができた子は、自分で決めた目標に向かっていくことができます。しかし、親に喜んでほしいと思って、親に押さえ付けられても言われるがままにやってきてしまう子もいます。そうなると、目標（親の夢）を達成した後、「自分がない」ことに気付き、目標のない青春時代を送ることになってしまいます。医学部に限らず、日本の大学にはそんな学生が増えています。親は自分がやり残したことがあるのなら、いくつになっても自分が挑戦すればよいのではないでしょうか。そんな親の姿こそが、子どもの人生のモデルになります。（田村さん）

episode vol. 2 ウソをつくのはなぜ？

親の顔色を見て育った結果……

message

教育虐待から自分を守るため
ウソをつく子ども。
親が好きだからこそノーと言えず、
習い事をさぼったり、
テストを隠したりするように。

最近のお父さん、お母さんは「月月火水木金金」という表現をご存じでしょうか。もとは、戦争中に生まれた歌ですが、現代でも「休みなく働く」という意味で使われています。でも今は働き方改革の時代です。大人だったら、そんなことはなくなりつつありますが、子どもの世界ではどうでしょう。1週間ぎっしり習い事があるということは珍しくないのでは？　親に強いられた習い事や塾ばかりだとしたら、子どもはとても苦しいでしょう。ウソをついて休む、テストを隠すといったこともあるかもしれませんね。

イヤな場所から逃げて自分を守ろうとするときにウソをついてしまう子がいます。行きたくないと親に言ったら、怒られたり、無理やり行かされたりすると思っているからです。子どもは親が大好きなので、本当のことを言って親が悲しむ顔を見たくないという気持ちもあります。79～80ページのマンガに登場する女の子は、ウソという形で親に反抗はしましたが、親の顔色を読むことを続けた結果、「自分がない」大人になってしまったようですね。教育虐待は次世代につながることが多いのですが、子どもにはそうなってほしくないという気持ちがあることに希望を感じますね。（田村さん）

episode vol. 3

子を信じて任せるのは部下育てと同じ

受験が可能な環境なら
情報を与えるのがフェア。後は子に考えさせて

message

中学受験、親の仕事は
環境と生活を整え応援すること。
親が勉強に関わると教育虐待になりやすい。
むしろ塾のあおりから子を守ってあげて。

教育虐待が起こる原因の一つは、子どもにいい人生を送ってほしいという思いです。親の愛情からとはいえ、それで子どもが苦しんでいたり、将来弊害が出たりしたら、それは虐待になってしまいます。そういった点で、子育てと職場の部下育ては似ています。部下にいい仕事をさせてあげたい、成果を出させてあげたいと思い、よかれとやっていることが、ハラスメントになることもあるのです。

子どもにしろ、部下にしろ、本人に任せ、親（上司）は応援に徹することが、上手な子育て（部下育て）の秘訣です。ここで気を付けたいのは、「応援」は「褒める」とは違うこと。ひたすら褒められて伸びていく気質の子もわずかにはいますが、多くの子どもは、親がそばについて褒めてばかりいると、褒め言葉が呪縛となり「もう、これ以上できない」と言えなくなってしまいます。そして、いよいよ「褒め（＝親の期待）」を受け止めきれなくなると、「もう、親を喜ばせることはできない」という気持ちになり、家庭内で暴力を振るったり、不登校になったり、塾帰りに夜の街をさまよったりするようになるのです。

それでは、「褒め」とは異なる「応援」とはどのようなことを指すのでしょうか。受験を例に取って説明しましょう。経済的、地理的に受験が可能で、親も受験をさせてもいいかなと思う場合、小学校の3年生くらいまでに、「あなたには中学受験という選択肢があるよ」と伝えるのが、子どもにとってフェアなことです。その際には、地元の公立中学、わざわざ電車に乗っていく私立中学、それぞれのメリットやデメリットを伝えます。私立中に行く場合は、試験があり、そのために、塾に行って勉強をしなければならないことも伝え、本人に考える時間を与えます。82～83ページのマンガの家庭のように、実際の学校を見せるのもいい方法ですね。

その結果、私立中に行きたいと本人が言い、その理由が親も納得するものであれば、親は、受験勉強の態勢を整えましょう。塾や家庭教師、個別指導等、勉強をする環境づくりです。塾選びは非常に大切です。勉強漬けになり過ぎず、子どもの気質に合った塾を選びましょう。そして、実際の勉強は塾に任せましょう。親が勉強の内容に関わると欲が出て、ヒートアップしてしまいやすいからです。ただし、子どもが伸び伸びと、楽しんで勉強しているかどうかは常にチェックしてあげてください。

受験勉強を進める中で、子どもは困難にもぶつかります。時には目の前の課題から逃げだしたくなり、葛藤するときもあります。そのときに親が「宿題はやったのか？」と介入してくると、子どもは親にも対応しなければならず、自分の中の葛藤にじっくり立ち向かうことができなくなってしまいます。親は子どもが悩んでいるな、と思っても、見て、待っていてあげてください。そして、子どもがやっと動き始めたときに「あ、やっているね」と一声かけてあげる。これだけでよいのです。

待っても待っても、子どもが動き始めないことも時にはあります。それは、子どもの責任です。子どもの気質から、わが子はどこまで一人でできるかを推測し、ひたすら待って、助けが必要なところで、初めて手を差し伸べる（分からないところを一緒に考えるなど）。それが、応援上手な親の子育て法です。ちなみに子育てでそれができたら、部下育ては楽勝ですよ。（NPO法人ハートフルコミュニケーション代表理事の菅原裕子さん）

菅原 裕子（すがはら・ゆうこ）
NPO法人ハートフルコミュニケーション代表理事。ワイズコミュニケーション代表取締役。人材開発コンサルタントとして企業の人材育成に携わる一方、その経験と自身の子育て経験から、子どもが自分らしく生きることを援助するためのプログラム＜ハートフルコミュニケーション＞を開発。『子どもの心のコーチング』（PHP文庫）、『コーチングの技術』（講談社現代新書）など著書多数。

第4章

被害者が加害者になる負の連鎖を断ち切る

被害者が加害者になる負の連鎖を断ち切る

「被害者」経験のある親必読。子どもへの連鎖を食い止めるために、今すぐすべきことは？

約30％が「教育虐待を受けた認識あり」。連鎖を危惧する声も

日経DUALの読者アンケートでは、「自身が親などから教育虐待を受けてきた」と明確に認識をしている人は、回答者94人中27人（28・7％）に上りました。

その影響として、大人になった今でも「自分で選択、決定することができない」「自分が本当に好きなものが何なのか分からない」「自己肯定感が低い」「自信が持てない」「無気力になり能動的

に動けなくなった」「親への嫌悪感から断絶が続いている」などの声が上がりました。（アンケートの概要は45ページ）

また、「いい成績を取らないと価値がないという考え方が染み付き、無意識に子どもにも強要してしまう」「習い事の練習を強いてしまうとき、虐待の連鎖かもしれないと悩む」などと、自分自身の子どもに対する連鎖を危惧する回答も少なからずありました。

教育虐待の影響は世代を超えて波及し続ける

田村さんは、この教育虐待の連鎖についてこう語ります。

「〝世代間伝達〟という言葉がありますが、自分の親と、その子どもである自分の関係が近過ぎる場合、親は自分が何歳になろうと、いつまでも口を出し続けます。

これを放置してしまうと、親の価値観がそのまま自分の中で残り、さらには親にとっての孫に当たる、子どもにまで引き継がれてしまう。その影響は、3世代目に最も強く出るといわれます。自分の親が偏った考えの持ち主で、極端な教育偏重型だった場合、孫に当たる自分の子どもに最も大きな悪影響が表れてしまうということです。

問題行動を起こすだけならまだましで、子どもを深刻な状況に追い詰めてしまうこともあります。ただし、自分自身が、この構図に気付き、呪縛から抜け出すことができたら、不幸の連鎖を食い止めることができます」

夫婦間のつながりを強化する

田村さんが「呪縛から抜け出す方法」の一つとして勧めるのは、「自身の親ではなく、夫婦間の横のつながりを強化すること」です。

「親とべったりした関係を続けてしまうと、親から植え付けられた価値観が、自分の中でより強化されていきがちです。しかし、夫婦が精神的に強く結び付いて、よくコミュニケーションを取っている家庭の場合、どちらかの親が極端な教育偏重型だったとしても、自分たちの世帯に及ぶ影響を薄めることができます。何より、夫婦仲がいいと、子どもが安心します。子どもが健やかに自立していくためには、安心感を与えることが大切です」

思い切って親と一定の距離を置くのが一番かもしれません。しかし、共働き家庭の場合、子どもを預けるなど、親のサポートが必要不可欠なことも少なくありません。それでも、**親を頼りきったり、言いなりになったりするのではなく、意識して心の距離を置き、ある程度自立した関係を目指すことが必要**です。

学歴志向が強い日本のシステムに根本の原因がある？

「教育虐待」という言葉がまだ存在していなかった時期から、この問題に向き合ってきた、東京大学東洋文化研究所教授の安冨歩さんは、「まずは自分自身が教育虐待を受けてきた事実を正しく認識すること。これが苦しい心を解放し、本来の自分の感情と自分らしさを取り戻す第一歩となります」と話します。

安冨さんは、「教育虐待を受けてきたのに、その事実に気付いてすらいない人が非常に多い」と指摘します。

安冨さんは、京都大学を卒業し、都銀などを経て東京大学の教授になるという絵に描いたようなエリートコースを歩んできましたが、実は、自身も親から教育虐待を受けた被害者の一人と言います。「自分自身、ずっと鉛色の空の下であえいでいるような、陰鬱な気分を抱えて生きてきて、その原因を探ってきました。しかし、40代になるまで、その原因が教育という名の虐待にあるとは気付いていませんでした」

決して、自身の父母だけが悪いわけではなく、学歴志向が強い日本のシステムに根本の原因があると安冨さんは言います。

「日本の社会全体として、幸せになるためには、学歴が必要だという思い込みがまん延しており、実際に『成功』するには学歴が有効です。敷かれたレールから外れず、ひたすら偏差値で上を目指すことがあまりにも当たり前のこととされてきたがために、多くの人が、学校教育そのものが虐待の側面を持つことに気付きもしないまま暮らしています。本来の自分を押し殺し、この社会のシステムに迎合するよう努力を重ねているのです」

現在の日本で行われている学校教育を受けると、本能的な感情を失いやすくなると警鐘を鳴らします。「そのため、**大人になっても無気力な日々を過ごし、うれしいことや楽しいことがあってもその気分は長続きせず、"なんとなく気分が晴れない"という状態が続きやすくなります。好きなことややりたいことが分からない、というのも、『教育という名の虐待』を受けてきた人に共通する特徴ですね**」

そんな状態に当てはまる人は、自分が教育という名の虐待をされてきたのではないか、ぜひ、過去を振り返ってみましょう。「親や自分の言動などで思い当たるふしがあるなら、心が重くて生きづらいのは自分のせいではないということ。原因が分かるだけで、驚くほど心が軽くなりま

す」（安冨さん）

ピュアな感情を子どもから学ぶ

安冨さん自身は、自分が「成功」しているが故に「苦悩」しているという事実を受け入れ、それを自身の研究テーマに据えて、本腰を入れて原因解明に取り組んだことで、呪縛から抜け出す道に進み始めた、と言います。それでも、子どもの頃に失われてしまった「本来の感情」を取り戻すことは、大人になってからではなかなか難しいものです。

「そうであっても、自身を苦しみから解放するために、感情を取り戻す努力をすることが大切です。小さなお子さんを育てている親御さんたちにぜひおすすめしたいのは、子どもに学ぶということ。社会に染まっていない小さな子どもは、まだ本来の感情を持っています。彼らをよく観察し、その声に真剣に耳を傾けることで、自身の感情を取り戻すきっかけがもらえます。とにかく子どもたちの話を、ばかにしないできちんと聞いてください。そして徹底的に子どもの要求に寄り添うことで、道が開けます」

子どもの純粋な心に触れることで、親も感情を取り戻していく。長い道のりになりそうですが、地道にやっていくことが大事だといいます。共働きで子どもと過ごす時間が少ない家庭では難しいと思われるかもしれませんが、「量ではなく質。向き合う姿勢が大事です」と安冨さんは言います。

「『今日の晩ごはんは何がいい？』という日常的なことから、『家買ったほうがいい？』『転職したほうがいい？』『ご近所付き合いで悩んでるんだけど』といった難しい話まで、とにかく何でも聞いてみるといいですよ。真剣に聞けば、小さな子どもからも、意外に的を射た答えが返ってくるものです。

子どもを見くびってはいけません。感情面では大人より子どものほうが勝っています。ですので、親子関係を上下関係と捉えず、子どもを大人とは違う能力を持った一人の人間として尊重するようにしてください。親が、上から目線でおごって話していては、子どもは心を開きません」

〝徹底的に寄り添う〟というのは、本当に〝徹底的に〟でなければならないと安富さんは言います。「例えば、晩ごはんに何を食べたいかを聞いて、毎日『ラーメン！』と答える子がいる場合、毎日ラーメンを作ってあげればいいんですよ。具材を変えたりスープを変えたり。休日には子どもと一緒に麺からラーメンを作るのもいいと思います。親も童心に帰り、徹底的に子どもの要求に寄り添っていると、だんだん、本来の自分自身の感覚が戻ってくる。そういう姿勢で子育てをしているうちに、自分がやりたかったことが何か、思い出すはずです」

ちなみに、子どもの要求に応え過ぎてしまうと、わがままな人間に育ってしまうのでは、と、心配になるかもしれませんが、「わがままこそ、これからの時代に大切なこと」と安富さんは強調します。

「今後、画一的な仕事はすべてロボットに奪われていくでしょう。かのスティーブ・ジョブズも、『ここをこういうふうに作ってくれ』『いやこうじゃない！　こうしてほしい』などとわがままを貫き、自身の要求を細かく開発者に求めたからこそ、ｉＰｈｏｎｅやｉＰａｄが世に出たのです。彼の偉大さは、世界一わがままなコンピューターのユーザーだった、ということにあると思っています。世に影響を与えるような人物は、みんなわがままですよね」

このように子どもに学ぼうとする姿勢を見せることは、そのまま、子どもを肯定し、ありのまま受け入れることにもなると安冨さんは言います。親自身が呪縛から解放され、子どもを幸せに導くために、ぜひ実践してみてください。

100～103ページで、日経DUALのアンケートに寄せられた、自分自身が親から教育虐待を受けてきた当事者たちの声を紹介します。（アンケートの概要は45ページ）

安冨 歩（やすとみ・あゆみ）

東京大学東洋文化研究所教授。京都大学経済学部卒業ののち、住友銀行勤務を経て、2009年より同研究所教授。著書に『ハラスメントは連鎖する「しつけ」「教育」という呪縛』（光文社新書）、『誰が星の王子さまを殺したのか—モラル・ハラスメントの罠』（明石書店）など。

友達から仲間外れされる原因にも

Q. あなたは自分の親などから教育虐待を受けたことはありますか。

A. 「ある」が約3割にも

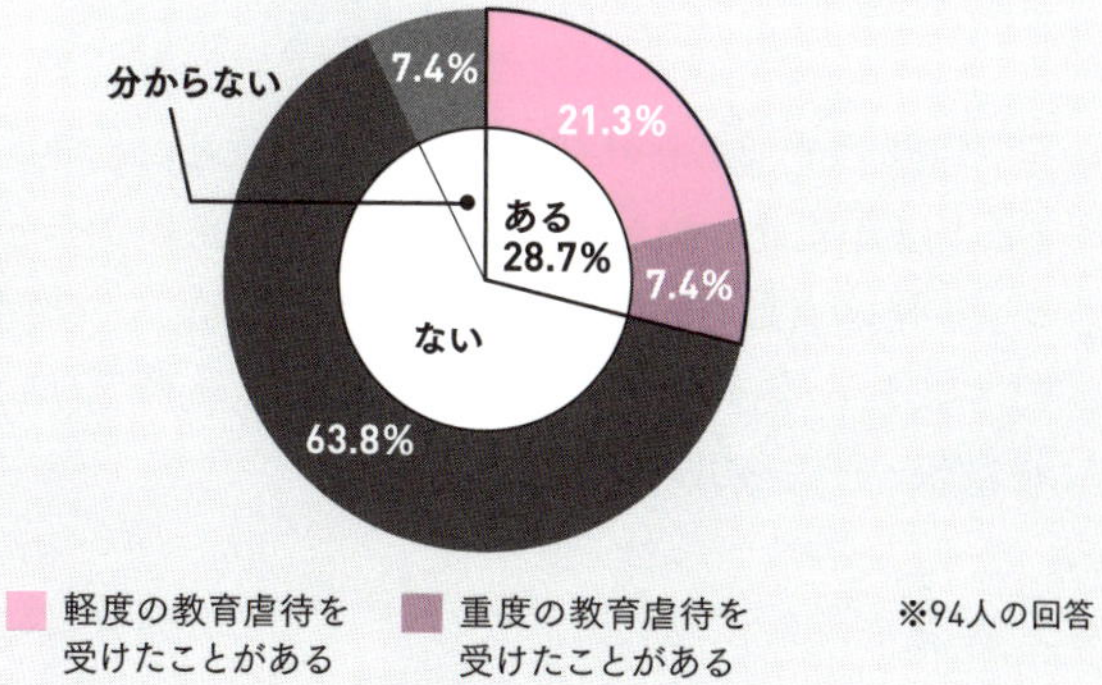

Q. あなたに教育虐待をしたのは誰ですか。

A. 「母親」が6割超

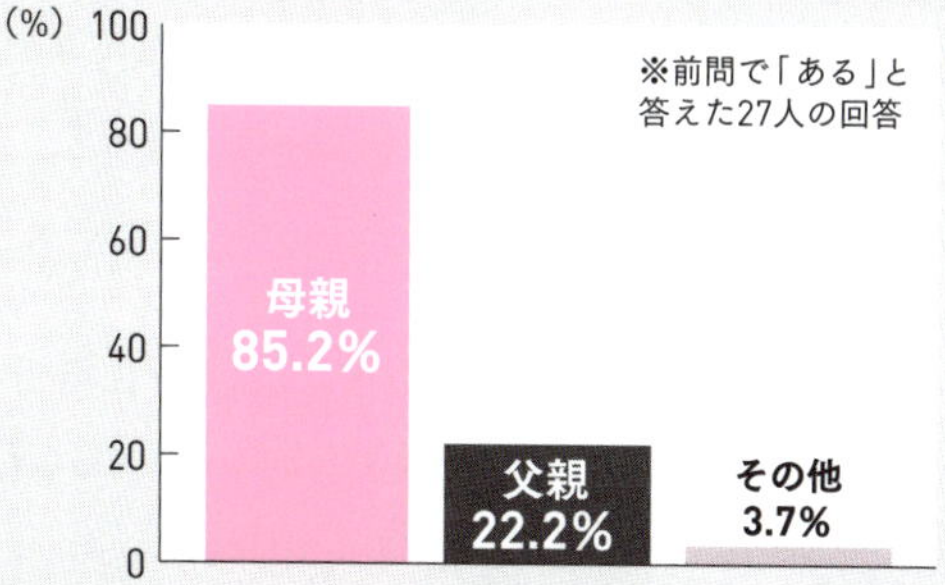

Q. 親などから教育虐待を受けた結果、どのような影響がありましたか。

A.

- 自分で選択、決定することができない。自分が本当に好きなものが何なのか分からない。目移りする。自己肯定感が低い。自信がない。チャレンジできない。（42歳女性、子ども2歳）

- 学ぶ楽しさを感じられなかった。間違えることや質問をすることは恥ずかしいと感じていた。大学受験がゴールであり、勉強は点数を取るだけの意味しか持たないと感じていた。大人になって常に学び続ける姿勢を持てない。（36歳女性、子ども0歳、1歳、年少）

- 知識量は確かに増えた。だけど、どうして勉強しなければならないのかという根本を教えてもらえなかったので、生きる意味を見いだせなかった。母親のことは今でも嫌いで断絶が続いている。また、知識量の少ない人を私自身が蔑視する時代があった。（50歳女性、子ども中1以上）

- 勉強や習い事に対していい印象がなくなってしまった。自分がやりたいことをしているのではなく、親がやらせたいことをやらされている、と考えるようになってしまった。（41歳男性、子ども年中、小4）

- 自分が何をしたいのかが分らなくなった。素直に自分の気持ちを表現できず無気力（無表情）となり、思い出したくない幼少期となった。（47歳女性、子ども小6）

- 友達が遊びに来てくれても、待たせて宿題を先にさせられたりしたため、「遊びに行ってもつまらない」と言いふらされ、仲間外れにされた。（43歳女性、子ども小3）

- 親を恐れるあまり、逆に親にバレないよう隠し事をする癖がついた。言う通りに生きるよう言われ、自分の未来や社会情勢を能動的に考えることがあまりない人間に育った。（45歳女性、子ども1歳）

- 今思えば15年ほど軽い鬱状態だったのだと思う。中学生から20代半ばまで、突然涙があふれてきて喪失感に襲われることがたびたびあった。（38歳女性、子ども1歳、年少）

- 自分は何でもできなくちゃいけない、トップ取れなくちゃ価値がないという考え方が染み付いてしまっています。無意識に子どもにも同じことを強要しがち。（41歳女性、子ども中1以上）

- 勉強と読書以外のことをすることは許されなかったので、有名中高一貫校、一流大学には入れたが、高校卒業以前の楽しい思い出はほとんどない。大学生になり、自分が教え込まれてきた価値観がおかしいと気付いてからは、親子関係が崩壊し、結婚して家を出た後は、今に至るまで、親とは断絶状態となっている。（42歳女性、子ども小2、小4）

私たちは、こうやって教育虐待の影響を断ち切った

Q. 教育虐待をされた影響は今も続いていますか。

A. 「今も続いている」が3割超

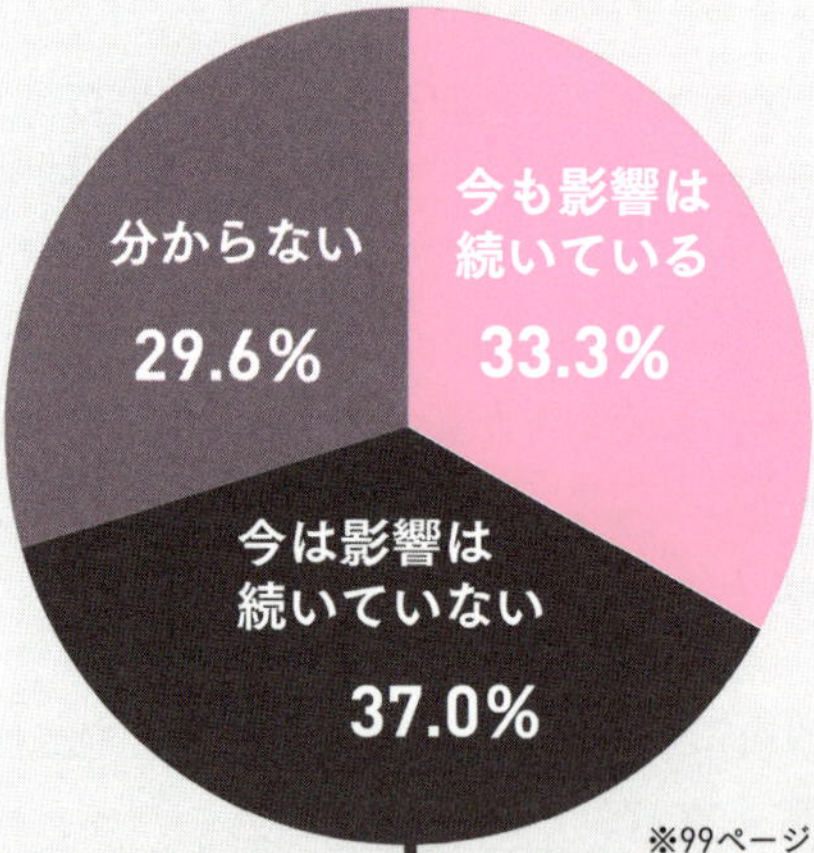

※99ページの1つ目のQで「ある」と答えた27人の回答

Q. 影響を断ち切ることができたのは何がきっかけだったのでしょうか。

またはどのようなアクションを取ったからでしょうか。

（「今は影響は続いていない」と答えた人に対する質問）

↖

↙

A.

- 結婚して家を出てから、親との関係を絶った。自分の子どもには同じ思いはさせたくないので、友達と伸び伸び遊んだり、興味のあることに取り組んだりする時間を大切にしている。習い事はスイミングと、上の子が希望してやっている月2回のテニスのみ。（42歳女性、子ども小2、小4）

- 社会人になり、親から物理的な距離を取り自立したこと。経済的自立をしていることも重要だと思います。（36歳女性、子ども0歳、1歳、年少）

- 高校入学以降、学生時代には友人から、社会人になってからは上司や同僚から高く評価されるようになり、「自分はそこまで劣った人間ではないのかもしれない」と自信を取り戻すことができた。（44歳女性、子ども年中）

- 最初は勉強を「やらされ」ていたが、次第に「自分がしたいからする」ようになり、主体的に自分で学習し始め、手応えを感じたから。（47歳女性、子ども小4、中1以上）

- 中学に入学したら、母が「もう自由にしていい」と言ってくれた。（43歳女性、子ども小3）

episode vol.4 親の影響で子育てが思考停止に?

子どもの「受験拒否」が
家族の在り方を考え直すチャンスに

message

親が自分の親と「仲良し」過ぎると
子育てに古い価値観が。
「親の言うことは確実」と従ってきた
優等生が親になったら……。
夫婦の在り方、成長した子と親との
関係はどうあるべき？

今や、祖父母世代も受験戦争を経験し、学歴社会にもまれてきた人たちです。そんな親に育てられた現役共働き世代は、親の価値観に従って、受験勉強に励んできたのではないでしょうか。「大変なことも多かったけれど、親の言うとおりに勉強をして頑張ってきたから今の自分がある」と考えているかもしれませんね。そこで危険なのが、大人になっても親とのつながりが強く、精神的に親に依存している人たちです。親から受け継いだ価値観を、自分の子育てにそのまま当てはめがちだからです。

家族の中で大切なのは、夫婦、きょうだい同士などの「横」のつながりです。しかし、親子間の「縦」のつながりが強いままだと、子育てに関してもパートナーと協力しようという意識が弱くなり、子どもは両親が不仲なのではないかと不安感を持ちます。また、時代や子どもの個性に合わない教育方針が継承され、強要されると、行き過ぎた場合、最悪の結末を迎えることもあります。

104 ～ 105ページのマンガの女の子は、自分の両親の関係に距離があることや、受験に成功することが幸せへの道という親の価値観に違和感を覚えたのでしょう。「受験拒否」という抗議に出たおかげで、祖母や父母のそれぞれが家族の在り方を考え直すチャンスを得ることができました。（東京成徳大学教授の田村節子さん）

episode vol. 5 「横のつながり」を雑に扱うと？

共働きだからこその工夫で「横のつながり」を強化

message

横のつながりが縦への虐待を防ぐ
夫婦の会話に工夫を。
忙しさの中で忘れがちな
「妻が大事」「夫が大事」の気持ち、
そこにも教育虐待へのトラップが。

108～109ページのマンガの夫婦の場合、夫婦のつながりがぎくしゃくしているようですね。どちらかが多忙過ぎたりして、つながりがゆるくなってしまうと、もう片方の関心は、縦のつながり、すなわち子どもに向いてしまいます。それが行き過ぎると、勉強、スポーツなどの面で教育虐待になることも。さて、どうなるでしょうか。

夫婦のつながりは努力なしには保てません。この夫婦も、コミュニケーションレスをどう回避するか妻が工夫し、夫が妻の気持ちをくみ取って自ら行動することで、がっちりしたつながりを取り戻すことができました。夫婦のつながりが安定することで、教育虐待も回避できたようですね。（田村さん）

第5章

当事者が語る「こうして教育虐待から抜け出しました」

「かつては教育虐待していたかもしれない」と語る3人のママたちの体験談を紹介

教育虐待のきっかけは親たちの小さなこだわり。そこに至る経緯と、抜け出た後もなお、悩み続ける3人の親たちのリアル

子どもの教育で試行錯誤を繰り返し、「かつては教育虐待をしていたかもしれない」と語る3人のママの体験談を紹介します。次第にエスカレートしていった教育の先には、どのような現実が待ち受けていたのでしょうか？

それぞれの「気付き」を経て教育虐待から抜け出していくまでを、親目線で語ってもらいます。

「僕なんて、生まれてこなければよかった」と言われて

▼「私立受験経験のあるママ」「小6の息子」の場合

息子に中学受験をさせようなんて、最初は全く思っていませんでした。基本に据えていたのは、あくまで学校の勉強。それでも成績はよかったので、何も心配してはいなかったのです。

ただ、一つだけ気になっていたのは、息子が通うことになる地元の公立中学が、非常に荒れていたことです。私は自分が私立中学の出身で、私立ならではの充実した学習環境を知っていましたから、次第に「勉強が嫌いではないのなら、私立という選択肢もあるのではないか」と考えるようになりました。息子が4年生になったタイミングで、手始めに全国の学習塾で一斉に行われる「全国統一小学生テスト」を受けてみることにしました。

もちろん結果は散々でしたが、本人はそのテストから、自分の通う学校では得られない学びが

あることに気付いたようでした。私立への進学に興味を持ち始めたので、「塾に通って、私立を受験してみる？」と聞いたところ、「やってみる」という返事があったのです。

週に2日、学校終わりに電車で塾に通う生活が始まりました。5年生になると塾の日は週3日に増え、土日や祝日にもテストが行われるようになりました。息子はそれまで続けてきた少年野球をやめ、塾での勉強に集中することにしましたが、勉強のペースもぐっと早くなり、本人としては「頑張っているのに、成績が上がらない」という苦しい状況が続いていたようです。

この頃からです。本人の頑張りと、私の思う「これくらいはやっておくべき」という価値観に、ギャップが生じるようになったのは。**私からすると、どうしても息子がベストを尽くしているようには思えなかった**んですね。

塾のペースについていけないストレス。学校の勉強を見下すように

当時の息子は、分からない問題があると、ひとまず私に見せにきました。ただ、距離の近い親子という間柄。私はつい「なんでこんな問題が分からないの?」「先生にこう言われなかった?」と強く言ってしまいました。息子も負けじと「ママの教え方は難しい」などと返し、しまいには、「漢字の暗記なんて、頭を使わなくてもできるでしょ」「それって、自分が頭がいいアピールですか?」なんて言い合いにまで発展しました。

5年生の2学期には、テキストに付箋を貼り、「次のテストはここからここだから、ここまでやればいい。応用はいいから基礎をやろうね」などと言って、私が息子の勉強のイニシアチブを握るようになりました。本人も相当なストレスだったと思います。**それでも私は、「あなたのためだから」と口にしていたし、実際にそう思い込んでいました。**

こうしたストレスによる悪影響は、学校生活にも及びました。息子は学校の授業を見下すよう

になり、授業中に他の子どもが答えている最中、「こんな問題、超簡単。(学校の授業なんて)聞かなくても分かるし」と言うようになったのです。明らかに、塾通いのストレスによる弊害だと思いました。精神的にも不安定になり、私に対して反抗的な態度を取るようになりました。時折、「俺なんて死んでもいいんだろ」「生まれてこなければよかった」「2階から飛び降りてやる」と、口にするようになったのです。

「このままではいけない」と、強い危機感を持ちました。そして、息子の勉強の一切から、手を引くことにしました。その後、息子は塾へ行っても、友達の答えを丸写ししていたようですが、5年生の終わりまでは黙認していました。そして、話し合いの場を設けることにしました。

今後、塾や私立受験をどうするのか息子に尋ねると、息子は、「塾はやめない」と言いましたが、その本音は「私立へは行きたい。だけどそのための努力はしたくない」ということだと分かりました。夫は、「そんなことでは、たとえ私立に入学できてもやっていけないだろう」と言って、中学受験も塾もやめさせたほうがいいだろうと言いました。

私たちは息子に、これまでどれだけのお金がかかったのか。私立受験をするとなると、この先、どのくらいのお金と労力がかかるのかを、具体的に説明しました。その上で、「あなたが頑張るための投資はしたい。だけど、それには努力しなければ」と伝え、息子にどうするのかを決めさせました。**結果として、「塾をやめる」と本人は口にしましたが、「やめさせられた」という気持ちは少なからず今でもあるようです。**

第三者の意見を聞き、息子を冷静に見つめ直して塾をやめた

一度だけ、中学受験に詳しい専門家の先生に、直接メールをして悩みを相談したことがあります。驚くことに返信をいただけて、そこには、「学びというのはずっと続いていくもので、中学受験にはスピードが求められます。もしかすると息子さんは、じっくり学んでいくことに重きを置いていて、しんどくなってしまったのではないですか? やり方を変えるのも一つの手だと思います」と書いてありました。

中学受験から身を引くことは、親にとっても勇気が必要です。ただ、振り返ってみて思うのは、息子には特に、「絶対にこの学校に行きたい！」という強い志はなかったということです。いろいろな私立中学を見学に行きましたが、息子から、「この学校に行きたい」と言われたことは一度もありませんでした。そのことに気付いて、やっと、私の中で踏ん切りがつきました。

息子は今、個別の塾に通っています。本人曰く、中学受験ではなく高校受験に向けて勉強をしたいということです。私は今も、息子の宿題には一切、関わっていません。

中学受験は息子自身の目標だったはず。私立に入れば、高校受験に追われる心配もなく、公立にはない学びを得られたかもしれません。ただ、**私と息子にとって、その代償はあまりにも大きかった。ここまで築き上げてきた、私と息子の関係性が崩れていくことに、私はとても耐えられなかった**のです。だって、**あの頃の息子は、全く幸せそうではなかった**から。

これでよかったんだと自信を持って言うことはまだできません。ただ、少なくとも今は、受験勉強を始める前の親子関係に戻れています。それだけは、間違っていなかったといえるのかもしれませんね。

「ママ、ごめんなさい」と私を見る息子のおびえた目

▼「小学校入学への不安を抱えたママ」「就学前の息子」の場合

今は中学生の息子が、まだ年長だった頃のことです。

民間学童に行くことが決まっていた息子は、小学校入学前からプレ講座に通っていました。私としても、保育園育ちの息子が、机に座って授業を受けられるようになり、ひらがなの読み書きを教えてもらえるのはありがたいことだと思いました。

ただ、そのプレ講座の内容が、かなりハイレベルだったんですね。例えば、「きょうはあさひがあかるい」などの文章があるとすると、正しい位置に句読点を打ちましょう、という問題が出され

るのです。今思えば、そんなものは文章を読めるようになって、リズムをつかめるようになってから、いくらでも習得できると思えます。ですが、当時の私はそうは思えなかったんです。

初めての宿題ということもあり、私は、息子に与えられた課題は、すべてしっかりこなすものだと思い込んでいました。幼稚園から来る子は、こうしたことを既に習ってきていて、できる状態で小学校入学を迎えるものだと思っていたのです。みんなができていることを息子ができていなかったら、きっと、周囲からは、「子どもをきちんと育てられていない母親」だというレッテルを貼られるような気がして。それが、怖かったのです。

自宅でも宿題をフォローしましたが、息子は、まるでできるようになる気配がありません。次第にイライラしてきた私は、気付けば、「どうしてこんなことが分からないの!」と言って、息子を叱りつけていました。**幼い息子からすると、頑張ってもできない自分と、私が怒っていることの因果関係がつかめず、困惑していたのだと思います。**「ママ、ごめんなさい。ごめんなさい」と泣きながら謝る息子の姿を見て、ハッと我に返りました。

自分もかつては、教育虐待の被害者だった

あのときのおびえた息子の目を、私は、今でも忘れることができません。思い出したのです。私自身、母から同じように叱られていたことを。私は小3の時に父の転勤で米国に引っ越しました。その当時、母は英語ができない私に、厳しく英語のスペリングを指導しました。今となっては、母の気持ちも分かります。きっと、母も慣れない国で必死に、親の責任を果たそうとしていたのだと思います。

私は息子と同じように「ごめんなさい、ごめんなさい」と謝ってばかりいました。できないことをやらされ、それなのに**母に助けを求めても助けてもらえないことが、とても悲しかった。**

それに気付いてから、私は、息子の宿題のフォローを一切やめました。宿題は学童で済ませてくるのだし、あえて私が関わる必要はないと切り替えることにしました。仕事が終わって、息子と過ごせるわずかな時間を、宿題のフォローに充てたくはないという気持ちもありました。

息子は既に中学生です。成績はいいときもあれば、かなりひどいときもあって、父親に叱られることもあります。そんなとき、私はあえて何も言わずフォローに回るようにしています。

ひとまず勉強のことは解決しましたが、小1から始めたサッカーでも、やっぱり教育虐待なのではないか、と不安になるような言動をしてしまうことがあります。スポーツは勝敗がハッキリしていますし、他の子との比較もできてしまう分、試合を見に行くと、息子のミスばかり気になって、イライラしてしまいます。それによる負の影響が息子に出ていないとは言い切れません。ただ、もうこればっかりはどうしようもなくて。諦めるしかないと考えるようにしているんですよね。

すぐに怒鳴る夫におびえる息子。父親に「怒られるか、怒られないか」で物事を判断するように

▼「すぐに怒鳴るパパ」「のんびり屋のママ」「小2の息子」の場合

夫は、いわゆる昭和のかみなり親父のようなタイプです。勉強に対してうるさいわけではありませんが、職人家系で育ってきたこともあって、「勉強なんて学校だけで十分。勉強しない奴は働け！」という考えなんですね。

夫にとって勉強以上に大事なのは、食べることと寝ること。しかもせっかちですから、自分で作ったごはんはベストなタイミングで食べてほしいわけです。ただ、当の息子は、私に似てのんびり屋。夫の気持ちをよそにいつまでもおもちゃで遊んでいることも多く、「3回言っても分かんねえやつは、人間じゃねえ、動物だ！」といって、夫の雷が落ちるんですね。

ごはんを食べたら片付ける、物は出したらしまう。言っていることはごくごく普通のことなんですが、大人の私から見てもその怒り方は怖い。真面目で根はいい人なんですが、とにかく声が大きくて。**子どもに手を上げたことはありませんが、怒鳴られるのは殴られるのと同じくらい子どもにはショックだと聞いたことがあり、気になっていました。**

一方の息子は、小さな頃からアレルギーがあって、体力もそんなにあるほうではありません。ピアノや英語を習わせようとしたこともありましたが、決まった時間に決まった場所へ行き、知らない子どもがたくさんいる部屋に入るだけでも、ストレスを感じてしまうようです。そんな息子なだけに、夫に怒鳴られ、毎朝しくしく泣いているのがふびんで。

怒鳴る夫をたしなめ、夫の自己肯定感を下げていた

あるとき、スクールカウンセラーの先生に、夫と息子のことを相談したことがありました。その方から、「お父さんは真面目なんですね。ですが、お母さんがそんなお父さんに『いちいち怒鳴

らないで』なんて、息子さんの前で言ってはいませんか?」と言われて、ハッとしました。

自営業の夫は、会社員の私以上に、息子の面倒をよく見てくれています。朝にはごはんを作ってくれて、洗濯も掃除もしてくれ、むしろ私のほうが深夜に帰ることもあり、子どもと触れ合っている時間は、夫のほうが長いくらい。こんなにも育児に協力的なのに、私は感謝を伝えるどころか、ダメ出しばかりしていたんですね。

息子を叱る夫を、私が横からたしなめる行為は、息子からすると「お父さんの言うことは聞かなくてもいいんだ」と言っているようなもの。**本来であれば、夫婦は一枚岩であるべきなのに、私は夫だけを悪者にして、夫の子育てに対する自己肯定感を下げていた**わけです。そのことに気付いて、私は、夫の言うことには口出しをしないようにして、できるだけ感謝の気持ちを口にするよう心掛けました。

担任の先生が夫に共感

そんな夫を変える出来事がありました。きっかけは、息子が2年生のときの担任の先生の一言。その先生は、どちらかというと夫に似ていて、漢字の書き取り一つとっても、はらう部分を止めて書いていると、絶対にマルをくれないような真面目な方なんですね。その先生から「息子さんの行動が遅過ぎて、クラス運営に支障が出ています」と言われたのです。

驚きはしたものの、そのときの私には、息子がなぜそうなってしまったのか思い当たることがありました。その時期は、夫にいろいろストレスがかかっていて、いつも以上に沸点が下がっていたからです。毎日のように、息子は夫に怒鳴られ泣いていて、彼の中では、お父さんに怒られるか、怒られないかが、物事を判断する基準となってしまっていました。きっと、普段ならできていたことでも、息子は萎縮してしまって、できなくなっていたのだと思います。

担任の先生にも事情を説明しました。ですが、先生は「あの息子さんの様子では、お父さんの気持ちも分かりますね」とおっしゃったんですね。とうとう息子は、学校でも家庭でもアウェーになってしまったと思いました。

夫へのダメ出しをやめたら、夫も息子も変わった

学校での様子を、夫に伝えるべきかも悩みましたね。先生の言葉を知ったら、夫はますます息子を叱りつけるのではないかと思ったからです。しかし、いざ伝えてみると、夫の反応は意外なものでした。「ほらみろ、俺が言った通りだろ。(息子は)このままでは駄目なんだよ。でも、学校でも厳しくされているんなら、家ではあんまり叱らないほうがいいかもな」と言って、満足げな表情を見せたのです。

夫からすると、自分は間違っていなかったことを証明でき、しかも、同じ問題意識を持つ担任が学校にいるのだから、自分がわざわざ叱る必要もないだろうと感じたようです。見違えるほど優しくなりました。

例えば、これまでは「宿題なんてさっさとやれ！」と怒鳴るだけだったのに、「どれどれ」と言って、教えてくれるようになりました。驚いたのは、それに伴い、息子の通信簿がガラリと変わったことです。1学期はほとんどが「普通」だったのに、2学期には「大変よくできました」へと、見事に移行しました。担任の先生からは「宿題の完成度が見違えるように上がりました。家庭でのご支援に感謝します」とまで言われました。

もちろん、それですべてが解決したわけではありません。人の性格はそんなに簡単に変わるわけではありませんし、今でも、21時に寝るはずの息子が1分でも遅く起きていると、夫の雷が落ちます。

ただ、これまでの私は、夫の息子への対応に悩んで試行錯誤を繰り返しても、うまくいくことはありませんでした。**自分に原因があると知り、アプローチを変えるだけで、こんなにも夫が変わるなんて思ってもみませんでした。**それによって息子のストレスも軽減できたわけです。

まだまだ、息子のお父さんに対する恐怖心みたいなものは、ぬぐいきれてはいません。ですが、私たち家族にとっては大きな前進です。一つ一つ解決しながら、今後も、いろいろなことを乗り越えていきたいと思っています。

episode vol.6 親の思い

子どもの気持ちが分かっているのはネコだけ？

message

「うちは大丈夫」「皆やってる」が
危ない教育虐待。
え、そういうことも虐待? 将来のため?
今疲れている子どもが見えますか?

平日は仕事や保育園があるので、週末に習い事を3つも4つも掛け持ちということが共働き家庭で起こりがちです。小学生になると夕方から夜にかけて毎日のように習い事や塾という子もいるでしょう。子どものためという大義でやらせているかもしれませんが、心の奥底に、「子どもは親の作品」「自分たちは正しいことをしている」という思いがないでしょうか?

子どもは小さいうちは「いやだ」と言えません。習い事や塾は、子どもがやりたいと言って始めたものであっても、1 ～ 2カ月ごとに振り返りましょう。子どもの表情やそぶり、エネルギーがあるかどうかをよく見て、続けるかどうかを相談するといいですね。親がそのつもりはなくても、子どもの気持ちを無視した状態で進んでいけば、「教育虐待」という結果につながる恐れがあります。（東京成徳大学教授の田村節子さん）

episode vol. 7 子どもの思い

ママ、パパ、頑張るから僕を見て！

message

「親の期待に応えたい」
子にさせる忖度が虐待を生む。
子どもは親の表情に敏感。
期待に応えたくて無理をしてしまう。

「episode vol.❻ 親の思い」を子どもの側から描いたマンガですね。子どもは弱い立場です。親に依存しないと生きていけませんから、親のそばにいて、親に合わせて生きています。親の表情もよく見ていて、そこから自分への期待を敏感に感じ取っています。それが教育虐待の伏線になることがあります。

子どもは無意識に親の意向に沿いたいと思っています。「ピアノがうまくなって、バタフライができるようになって、プログラミングもこなさないと」。そうした条件をクリアしないと、自分を見てもらえないのではないかと、親の反応から思い込んでいるのです。でも子どもは本来、その家の子でいるだけでいいのではないでしょうか。「あなたがいるからママもパパも頑張れるよ、幸せだよ」と、その子のありのままの姿を認めてあげてください。（田村さん）

episode vol. 8 褒める基準は何？

居場所をなくした子どもが飛び込む先は？

message

「できたら褒める」の繰り返しは
無意識の教育虐待。
子が優秀なら親はうれしい。
褒める基準はそれでOK？

子どもがいい点を取ると、親はうれしいから褒めます。でも、いつか成績が伸びなくなることもあります。そんなとき、子どもは「ここの家の子でいられなくなる」と不安に思ってしまいます。家庭の中で居場所を失った子どもは、外に仲間を求めます。

かつては、それは学校や塾の友達、地域の年長者で、年齢も中学生以上になってからでした。そこでがっちりスクラムを組んでストレスを発散し、親の基準が絶対ではないということを学んで自立していくことができました。しかし、今、多くの子どもたちが飛び込むのはネットの世界。しかも低年齢化しています。そこでいい出会いをすることもありますが、ネットリテラシーが未熟なために危険な目に遭うこともあります。親は、子育ての目標を見直し、成果ではなく、子どもの存在そのものを認める声かけをしてあげてください。（田村さん）

episode vol.9 熱心なのはいいけれど……

わが子のことは見えている？

message

子どもの習い事に期待し過ぎる親を周りはどう見ている？人のことは気付くのに自分は？

親が子どもが好きなことを応援し、成長を喜ぶのは、子どもにとってもうれしいこと。このマンガの親子も最初はそうだったのかもしれません。でもいつの間にか、お母さんにとって、子どもが自己実現の手段になってしまったようです。こういったことは、親自身が教育虐待を受けていて、やりたいことができなかったり、現在の仕事や暮らしに満足していなかったりする場合に起こりがちです。

よその家の問題は気が付くけれど、自分の家のことはどうでしょう。読者の皆さんは、子どもが本当にやりたいことを知っていますか？共働きに限らず、今の親子には「だんらん」の時間が少な過ぎます。週に1度でもいいので、スマホを脇に置き、親子でのんびり話す時間を持ってみてください。そして、自分がやり残したことがあるなら、子どもに託すのではなく、自分の責任で実現させましょう。（田村さん）

episode vol. 10

「できる」のはうれしい。けれど……

褒めるべきはそこへの努力

message

「君がいるから幸せ」の気持ちを忘れていませんか?条件付きの褒めは子どもを不安にさせる。

パンダの親子を思い出してください。体全体でじゃれ合って愛情表現をしていますね。本来、人間の親子にもこうした動物的なふれあいが必要です。子どもをギュッと抱きしめて「よしよーし」とかわいがる。そこに特別な理由は必要ありません。「あなたがあなたでいてくれるだけで幸せだよ」。それが唯一の理由です。子どもが生まれたときは皆そんな気持ちを持っていたはず。でも成長するに従い「ギュッ」の理由が変わってきていませんか?

他の子より「早く」自転車に乗れたからすごい、100点だからすごいという理由で褒めていたら、子どもにとって、自分の存在意義は「条件付き」となってしまいます。「100点でなければ僕はこの家の子でいられないのだ」と追い詰められ、親に認められるために頑張るようになってしまうのです。子どもの頑張る動機がそうなってしまう前に、条件付きの「褒め」はやめましょう。40点でも80点でも子どもが頑張ったのなら、その頑張りを認めることが大切です。親がそんなふうに変われなかった場合、昔は街で仲間を探しました。今の子どもはネットの世界をさまよいます。(田村さん)

episode vol.11 自立の意味は二つある

子育てがこじれたら第三者の力を借りてみよう

message

自立させなきゃ！ のプレッシャーで
子どもを追い詰めていませんか？
熱心過ぎてこじれた
親子関係を救うのは、第三者。

子育ての目標は子どもを自立させることだということはよくご存じだと思います。その自立の意味には二つあって、一つは経済的な自立、もう一つは精神的な自立です。幼い頃から英語を習わせたり、塾に通わせたりすることには、「将来の経済的自立＝自分で食べていけるようになってほしい」という親心があるのではないでしょうか。しかし、精神的な自立について考えることは忘れがちで、経済的な自立を優先していると、子どもを追い詰めてしまうことがあります。そのとき、子どもを救うのが第三者の存在です。

親の思いに追い詰められた子どもは、自己肯定感が低くなってしまっています。もしそうなってしまっても、「誰か」が子どもを丸ごと受け入れてくれることで、子どもは「自分はありのままでいいのだ」という自信を取り戻し、前に進めるようになります。その誰かの役割は、もちろん親でもよいのですが、親だって自分の考え方を変えるのは難しいものです。表面的に取り繕っても子どもには分かってしまうでしょう。ここは家族以外の第三者（祖父や親せき、信頼できる周囲の年長者）にお願いするとよいでしょう。

145～146ページのマンガの男の子は、祖父から「自分の好き」を認めてもらったことから、自分を肯定できるようになり、精神的に自立することができました。起業する友人から刺激を受けたり、自らの留学を経て、かつて親が、学びを重視するあまりに、熱心になり過ぎてしまったことも理解できるようになったようです。いろいろな経験をした彼がもしも親になったら、どのような子育てをしていくのか興味深いですね。（田村さん）

episode vol.12 子どもが自分で語る力を意識して育てよう

親子は違う人間
親の価値を押し付けない

message

教育虐待をしない親の条件。あなたはクリアできる？

子どもと話すときは「分かりやすい言葉で話さないといけない」。そんなふうに思っていませんか？　いえいえ、子どもは意外と大人の言葉を分かっています。3歳くらいまでは配慮が必要ですが、4歳になったら、「子どもだから」の意識はやめて、大人と同じような話し方をしてあげましょう。

すると、子どもは全部の言葉は分からなくても、分かる言葉をつなぎ合わせて、推測して、内容を理解していきます。どういう意味？と聞かれたら説明してあげてもかまいませんが、分からないままの言葉があっても「あのとき分からなかったけれど、こういうことだったのか」という体験を積み重ね、語彙や表現力、自分の気持ちを語る力を育んでいきます。

教育虐待が起こる原因の一つに、親が子どもと自分の区別化ができていないということがあります。子どもが自分の一部だという気持ちが無意識にあり、子どもを自分の夢を実現する道具のように扱ってしまうのです。区別化ができていないと、子どもの夢を否定して、自分の思うような道へ誘導してしまったりします。149～150ページのマンガに出てくる夫婦も最初は子どもの夢に否定的ですね。

親が自分と子どもを区別化できるかどうかは、親の成熟度にかかっています。自分がどのくらい成熟しているかを判断するのは簡単です。それは、「自分から会社の肩書や学歴、持っている資格など、すべてをはぎ取った後でも、自分は幸せだと言えるだろうか」と自問してみることです。

マンガに出てくるパパは、最初は子どもの夢に否定的でした。しかし、子どものほうに自分の夢をしっかりと伝える言語力があったため（会話の多い家庭なのでしょうね）、次第に「面白いのかなー？」「教えて」と気持ちが変わっていきました。頭ごなしな否定を口にせず、子どもの意見を聞くことができたパパ、立派です。

親子の意見が食い違ったり、子どもの気持ちが分からなかったりという場面は、思春期に入ると増えてきます。「うざ！」「別に」と片付けられても、カッとして子どもと同じ土俵に上がらないことが大事です。マンガのママも、落ち着いて、子どもの気持ちを引き出していましたね。

今後もしも、子どもに対してカッとすることがあったら、わが子を「気難しいクライアント」と捉えてみてください。一瞬はカッとするかもしれませんが、気持ちを抑えようとするでしょう？　話し方も「恐れ入りますが、どんなふうにお考えか教えていただけますか？」なんていう言葉が出るのではないでしょうか。予想外のテンションと丁寧な態度に、子どももハッとして、態度を変えてくるはずです。逆にこんなときの禁句は、「よその子には言えない言葉」です。よその子どもに言えないようなことをわが子に言えてしまうのは、親子の区別化ができていない証拠です。ハッと思った方は、ぜひ自分にこそ目を向けて、成熟度を高めていきましょう。それが、教育虐待をなくすことにつながっていくのだと思います。
（NPO法人ハートフルコミュニケーション代表理事の菅原裕子さん）

第6章

中学受験のプロが伝えたいこと

「あなたのためよ」「頑張れば報われる」「私はできたのに」眉間にシワを寄せて不機嫌な顔で子どもに言っていたら、要注意

プロ家庭教師　西村則康さん

教育虐待とは、教育熱心な親が過大な期待を子どもに寄せ、過度な要求をしてしまうこと。「昔から『教育ママ』という言葉があったように、それと似たようなことは行われていたけれど、今の時代の『教育虐待』は少し質が違います」と中学受験専門のプロ家庭教師・西村則康先生は言います。それはどういうことなのでしょうか？

親が持ってしまう「頑張れば報われる」という根性論

「よく『中学受験は親子の受験』といわれるように、親のサポートなしでは成り立たない受験です。なぜなら小学生の子どもは成長途上にいるため、大学受験に挑む高校生のように自分でスケジュールを立てて、自律的に受験勉強を進めていくのは難しいからです。そのため、親がリードをしながら進めていくことになります」(西村さん)

ところが、親も初めての経験ということが多いし、今の時代はインターネットを通じて何でも情報を得ることができるので、「少しでも合格に近づけるのであれば」とあれもこれもやらせるケースが多いといいます。

「もともと昔から日本には『頑張れば報われる』という根性論があります。中学受験においても『たくさん勉強をすれば合格できる』『今我慢をして勉強をすれば、将来は保証される』という考えをお持ちの親御さんは少なくありません。そのため、わが子を思って、必要以上に勉強をやらせ過ぎてしまうのです」

しかし、小学生の子どもは体力も気力も大人のように丈夫ではありません。大人のように無理が利かないのです。

中学受験は子どもの成熟度が影響する

「中学受験の勉強は、小学生には理解が難しい抽象概念が求められます。そのため、成熟度の高さが成績に大きく影響してしまうのです。ですから、頑張っても報われないことがあります。しかし、親御さんたちはそれを認めず、『成績が上がらないのは努力が足りないからだ』と思い込み、さらに頑張らせようとします。それは中学受験のプロの視点から見ると、教育虐待です。

けれども、自分たちはそのことを自覚していません。子ども自身もはじめは『もっと頑張らなければ』と思います。でも、それが繰り返されると『もうこれ以上頑張れない』と感じ始めます。それにも関わらず親の叱咤激励が続いてしまうことが多い。それは教育虐待そのものなのです。『つらいな』と思うことはあっても、受験勉強というのはそういうものなんだなと受け入れてしまう。**なぜなら家庭内という小さな世界で行われているので、親も子もそれがおかしなことだとは気**

付かないのです」

西村さんによると、親のサポートが必要になる中学受験は、その傾向が出やすくなるといいます。「うちはそんなことない」と思っていても大なり小なりはあり、場合によってはエスカレートしてしまうこともあります。

習い事を詰め込み過ぎてしまうと工夫をしない子になる

偏差値の高い難関中学に入れれば、その先は東大をはじめとする難関大学へも行ける。そうすれば、大企業に就職でき、将来は安泰。かつてはそういう価値観の下で、中学受験をする家庭がありました。

しかし、今は学歴がすべてではなく、『生きる力』が求められる時代です。とはいえ、そういうことを求められなかった時代に育った親たちは、手本がないまま今の時代の子育てをしていかなければなりません。自分たちの親世代に聞いても分からないから、インターネットやママ友の情報を頼りにするしかないのです。

これからはプログラミングができないといけない。

グローバル化で英語が話せなければいけない。

幼いときから楽器を一つ習わせておくといいらしい。

運動が全くできないと困るから、何かスポーツもやらせておきたい。

中学受験をするなら低学年のうちは公文に通わせておくといい。

これらをすべて取り入れたら、子どもの1週間のスケジュールはあっという間に埋まってしまいます。

「実は今、このように習い事で1週間を埋め尽くしてしまう家庭がとても多いのです。親御さんからすれば、子どもの力はできるだけ伸ばしてあげたいという気持ちなのでしょう。いろいろなチャンスを与えることはとてもよいことだと思います。もし、子どもが楽しく通っていれば、その力を伸ばしてあげればいい。でも、楽しく感じていなかったり、毎日忙しくてしんどいな、と思っていたりしたら、教育虐待です」。やらせ過ぎのデメリットを西村さんはこう話します。

「一番の理由は子どもの自由を奪っていることです。**子どもは何もない時間に自分のやりたいことを見つけたり、面白いことを考えたりします。この時間こそが、世の中のさまざまなことにアンテナを張り、創造力を養うのです。**ところが、たくさんの習い事で予定がぎっしり詰まっている子は、親に言われるがまま、その予定をそつなくこなすだけになっています。中学受験の勉強をするときも、『言われたことを言われたように解く』という癖がつきやすいのです。

しかし、入試で塾のテキストと全く同じ問題を出すところはありません。どの学校も少し切り口を変え、考えさせる問題を出してきます。なぜなら、人の指示通りに動く子よりも、自分で考える子に来てほしいからです。**大人から言われたことを何の疑いもなく、そつなくこなしてしまう子は、自分なりに考えたり、工夫したりする経験が圧倒的に少ないので、自分で考えることが苦手です。それこそが、やらせ過ぎの問題点**だと感じています」

中学受験はお母さんが笑顔なら、たいていはうまくいく

中学受験の勉強は、家庭で進めていかなければいけない部分が多く、親にとって大きな負担になります。家庭内のことは、他人は知ることができないので、いき過ぎた教育にストップをかけてあげにくいのが現実です。

「家庭教師をしていると、いろいろな家庭を見ることができます。ある家庭で、お母さんが娘さんに厳しく指導をしていました。女子御三家の一つである難関中学を目指していました。難関校の問題を教えられるお母さんは少ないので、『もしかすると、お母さんも中学受験をしていますか？』と聞くと、娘が目指している学校の卒業生だったのです。

そこで、お母さんに『子どもの頃、どんなふうに勉強をしてきたのですか？』と聞いてみると、やはりお母さん（娘にとっては祖母）が厳しく指導をしていたといいます。だから、たくさん勉強をやらなければ合格できないと思い込んでいるのです。

実は子どもに厳しく当たる親御さんに、子どもの頃のことを聞いてみると、自分も親に厳しく育てられたという人が多いです。**インターネットの普及でたくさんの情報が得られるようになった今も、こと子育てに関しては、自分の狭い経験を繰り返してしまうことが多い。**この負の連鎖を断ち切るためには、お母さん自身の話をしっかり聞く必要があります。初めはなかなか心を開いてくれませんが、回を重ねて話を聞いていくうちに、お母さんの心が和らぐことがあります。すると、途端に子どもの表情も変わり、勉強がうまく進んでいくことが多いのです」

西村さんの話によると、教育虐待に陥りがちなお母さんは、常に眉間にしわを寄せて、不機嫌な顔をしていることが多いといいます。こうした表情で、「なんで分からないの?」と叱られ、「私はできたのにどうしてできないの?」と嫌みを言われ、「できないのは、あなたの努力が足りないからよ」と大量の課題を押し付けてくる。「一度しかない子育てで失敗をしたくない」というお母さん自身のプレッシャーが伝わってきます。しかし、こんな状態で、子どもが伸び伸びと勉強できるはずがありません。

「長年家庭教師をしていて感じるのは、成績が伸び悩んでいる子の家庭に共通しているのは、お母さんに笑顔がないことです。『わが子のために』と一生懸命なのは分かりますが、愛情のかけ方を間違えてしまっているのです。極端な話、**子どもはお母さんがいつも笑顔でいてくれれば、大好きなお母さんのために頑張ろうという気持ちになります。そのくらい、お母さんの笑顔は最強なのです。**

まだ幼い小学生の子どもを受験に向かわせるのは、簡単なことではありません。思うようにいかなくて焦ったり、イライラしたりすることもあるでしょう。そして、ついきついことを言ってしまう日もあるかもしれません。そんなときは**ご自身の顔を鏡でご覧になってください。『あ、私、ちょっと怖い顔になっているな』と思ったら要注意。**そこで気付けることが大事です」

西村 則康（にしむら・のりやす）
プロ家庭教師・名門指導会代表、中学受験情報局主任相談員、塾ソムリエ。40年以上、難関中学・高校受験指導を一筋に行う家庭教師のプロフェッショナル。男女御三家、慶應、早稲田、海城、世田谷学園、渋谷教育学園幕張、灘、洛南高附属、東大寺学園、神戸女学院など東西の難関校に合格させた生徒は2500人以上に上る。受験学習を、暗記や単なる作業だけのものにせず、「なぜ」「だからどうなる」という思考の本質に最短で切り込んでいく授業は親からの信頼も厚い。『御三家・灘中合格率日本一の家庭教師が教える 頭のいい子の育て方』（アスコム）、『いちばん得する中学受験』（すばる舎）、『中学受援は親が9割 最新版』（青春出版社）など著書多数。

第7章

小児科医と心療内科医が伝えたいこと

過度な教育の押し付けが人生をゆがめる危険も

慶應義塾大学医学部小児科教授・小児科医　高橋孝雄さん

子どもに夜遅くまで勉強させる、成績が振るわないとつい厳しく叱ってしまう……。子どもに考える力や知識を身に付けてほしいという「親心」故の行動も、エスカレートすると虐待につながりかねません。

教育虐待は、**命に関わるような緊急・深刻なケースが少ないため発覚しづらい上、加害親には自覚がないことがほとんど**です。しかし将来的に、子どもの人生を大きくゆがめる危険性もあります。

「自分は苦労したので、子どもには英会話ができるようになってほしい」「自分はもっといい大学に行きたかった、子どもには頑張ってほしい」――そんなふうに親は自分の後悔を子どもに託しがち。ですが、小児科医で慶應義塾大学医学部小児科教授の高橋孝雄さんは「自分の後悔を子どもに託してはいけません」と言います。

家庭への介入は難しい

「教育に伴う虐待対応は、東京では珍しくありません」。都内にある福祉施設の児童虐待担当者は、こう打ち明けます。

テストで100点を取れなかった子が父親から「努力が足りない」と顔を殴られた、「有名大学卒でなければ価値のない人間」と言う父親に反論したら殴られた、「塾の宿題が終わるまで寝てはいけない」と母親に深夜2時まで勉強させられ、揚げ句の果てに物を投げつけられてけがをした……。現場では日々、こうしたケースに対応しているといいます。

「背景には、高学歴からくる優越感や、学歴が低いことへの劣等感、家庭の孤立や親族からの圧力、経済的な困難など、親のさまざまな事情があります。子どもが発達の遅れや集団になじめな

いなどの『生きづらさ』を抱えている場合もあり、複数の要因が重なったときに虐待のリスクが高まります」（同担当者）

学校や塾から「子どもが家に帰りたくないと言っている」という相談が入ることもありますが、多くの場合は、教師が気付いていても児童相談所（児相）へ虐待を通告するには至らず、SOSを出した子どもがすべて救われているとはいえません。

親が「やってしまった」と名乗り出るケースはほとんどなく、むしろ「子どもが勉強しない」という相談が目立つといいます。この担当者は「**教育に関しては、虐待について一定の知識がある家庭でも、人権を無視した行為が見られます。**子どもにとって一番身近な施設である学校などを中心に、親と子どもへのケアができればいいのですが……」と話しました。

しかし、学校も対応には苦慮しています。ある小学校教師の男性は明かします。「本人の意思と関係なく、深夜1時、2時まで塾の宿題をやらせる親はかなりいます。教員としては一種の虐待だと思いますが、**学校はなかなか介入できません。児相通告によって親子両方から『余計なこ**

とをして』と責められ、不信感を持たれるケースもあります」

教育虐待は過干渉の一種。関心は点数？ 子ども？

高橋さんは小児科医として37年勤務する中で、子どもをビニール袋に入れて空気銃で撃つ、舌にたばこを押し付けるといった深刻な虐待ケースに多数関わってきました。豊富な診療経験から、次のように分析します。

「教育の押し付けは、子どもへの関心が強過ぎる故に起こる『過干渉』の一種。**虐待かそうでないかの分かれ目は、親の関心が子どもにあるのか、テストの点数や合格した学校などの成果にあるのか、だといえます**」

成果だけを見ている親は、点数が悪かったら深夜まで子どもを勉強させよう、と考えてしまいがちです。「**目標の点数に届かなかった子どもの悲しみや苦しみが見えていれば、そんなふうには考えない**でしょう」

特に、仕事が忙しく子どもと接する機会の少ない父親は、成果に関心が偏る傾向が見られるといいます。結果を出すよう迫られ、強いストレスにさらされた結果、子どもが不登校になったり、髪をむしって食べるといった問題行動を起こすこともあります。

教育虐待の難しさは、ほとんどの親が「子どものため」と信じ切って勉強させており、虐待の自覚がないことです。しかし高橋さんは「子どもへの『あなたのため』は、『親自身のため』と言っているのと同じです」ときっぱり。

「子どもに語学を習わせたり、受験させたりする理由の多くは『自分は英語で苦労したので、子どもには英会話ができるようになってほしい』『高校のときにもう少し勉強して、もっといい大学に進めばよかった』といった親自身の思いからです。しかし何が幸せかを決めるのは、子ども自身。自分の後悔を託してはいけません」

「もし『英語を話せたらなあ』『あのスポーツをやっておけばよかった』と思うなら、子どもに託さず何歳からでも自分で始めてください」とも付け加えます。

「最後はあなたが決めていいよ」と子どもの決定権を尊重

子どもが勉強や受験へのやる気を失ったときも無理強いせず、まずは話を聞くべきだと言います。「『好きな異性が地元の公立中学に行くから私立に行きたくない』などのたわいない理由も、本人にとっては一大事。『あの子は優しいし、一緒にいるのは楽しいよね』とまずは共感した上で『でも、お母さんはこう思う』と、考えを伝えてください。**肝心なのは、『最後はあなたが決めていいよ』と子どもの決定権を尊重すること**です」

こうしたプロセスを踏むことで、子どもには「親はたくさん話を聞いてくれたし、自分で決めていいと言ってくれた」という納得感が生まれます。その結果、「お母さんがああ言ってくれたのだから受験してみようか」と、親の意向に沿った決断を「自分から」するかもしれません。

基本的な能力は遺伝子が担保。親は安心して

高橋さんは、障害があるなどの事情がなければ、計算力や語彙力、走る力などの基本的な能力は「遺伝子によって担保されている」と話します。「**子どもが社会で生きていく力、言われたことを理解し自分の意思を表現する力は、堅牢な遺伝子によって確保されています。だから親は虐待してまで勉強させる必要はない。**安心してください」

これは「能力は遺伝子で決まるので、いくら勉強しても無駄」という意味ではありません。

遺伝子は「オン」と「オフ」を繰り返しており、「オン」の状態が長いと使われやすく、「オフ」の時間が長いと使われにくくなります。継続的な学習は、遺伝子をスムーズに、効率よく使うことにつながるといいます。高橋さんは「努力して身に付けられることもあるのです」と強調します。「ただ、遺伝子が担保する以上の力をわが子に期待し、無理やり引き出そうとするのは親として過干渉。**そんなことをしても多くの場合、得られるのは遺伝子のオン・オフの『振れ幅』程度に**

すぎません」

受験に関しても、学力よりはむしろ志望校について親と話し合った経験や、自分の意思で進路を決めたという自己肯定感の高まりこそが、その後の人生にとって重要だと指摘します。

成長して引きこもるケースも。意思決定力が「やりたい」アンテナ育てる

「親から虐待を受け、押し付けられるままに勉強している子どもは、自分自身で『やりたいこと』を見つけるアンテナがなくなってしまう。すると親の要求に応えられなくなったとき、一歩も前に進めなくなる恐れがあります」と高橋さんは話します。子どもが難関を突破して志望の中学や高校に進んでも、友人とのちょっとしたトラブルで学校生活がうまくいかなくなったり、大人になって引きこもったりするケースもあります。

親にすれば、教育の機会を与えなければ、子どもの才能が埋もれたまま終わってしまう、とい

う不安もあるでしょう。しかし高橋さんは「子どもに才能があれば、親が掘り出さなくとも自分で『これをやりたい』『これが得意だ』と悟るでしょうし、周りの人にも見いだされます」と言います。

「親が子どものやることを全部決めていては、『やりたいこと』を察知するアンテナは育ちません。何事も自分で決める力をつけさせ、アンテナをたくさん立ててあげてください」

高橋 孝雄（たかはし・たかお）
慶應義塾大学医学部小児科教授。日本小児科学会会長。小児科医としての勤務経験は37年に上り、現在も小児科診療や医学教育、脳科学研究に携わっている。慶應義塾大学医学部卒。著書『小児科医のぼくが伝えたい 最高の子育て』（マガジンハウス）は7万部を超えるベストセラーに。50代でフルマラソンを始め、3時間半を切るタイムを維持し続ける、自称「日本一足の速い小児科教授」。

増加する受験うつ
その芽が出るきっかけとなるのが中学受験
中学受験直後の心はどう受け止める？

「本郷赤門前クリニック」院長・心療内科医　**吉田たかよしさん**

中学受験をする過程で、子どもの成績に一喜一憂する親の気分に子どもが翻弄され、心理的なストレスが積み重なると、合否にかかわらず子どもに「受験うつ」と呼ばれる症状が出てしまい、受験が終わった後の4月以降の中学生活をスムーズに好スタートできないこともあるようです。受験うつ専門のクリニック、「本郷赤門前クリニック」院長の吉田たかよしさんに、受験うつの定義や予防法について解説してもらいました。

「うまくいかないのは親のせい！」何でも人のせいにし攻撃的になることも

皆さんは「受験うつ」という言葉を聞いたことがありますか?

「年々、受験生の間に増加しているうつ病や、メンタル面の不調が招く成績の低下などを指すものです。それが最も発症しやすいのは、大学受験期ですが、**受験うつになると集中力が低下するため、粘り強く問題を考えることができなくなり、試験の点数が急落します。さらに、脳のワーキングメモリーと呼ばれる機能も低下し、文章の読解や数学の答えを導き出すことが困難になります**」(吉田たかよしさん)。吉田さんによると、受験うつを引き起こす原因は、家庭にあるといいます。そして、その芽が出るきっかけが中学受験にあるというのです。

それはどういうことでしょうか?

「ひとくちに〝うつ〟と言っても、うつは大きく二つの種類に分類されます。一つは『もうダメだ……。何をやってもうまくいかない』と自分を責めて、落ち込んでしまう、いわゆるメランコリー親和型といわれるうつ。これは社会人などによく見られます。もう一つは、『**自分がうまくいかないのは親のせいだ!』と人のせいにして攻撃的になるディスチミア親和型うつというもの**

で、若者や子どもに多いのが特徴です。受験うつは後者が圧倒的に多いのです。

ディスチミア親和型うつの特徴は、環境への適応が苦手な人がなりやすく、バランスのよい判断や行動ができなくなること。その症状が出やすいのが、人生でストレスが一番かかるときです。最も多いのは就職したタイミングで、次に就活中や受験勉強中。ただし、同じ受験でも高校受験は出にくいのです。なぜなら、内申点が重要な高校受験は、日常の過ごし方に重点が置かれるからです。一方、中学受験と大学受験は当日の試験の結果で合否が決まるため、そのプレッシャーがいやが応にも大きくなります。

中学受験でうつになるケースは、子どもの成績に一喜一憂する親の気分に子どもが翻弄され、心理的なストレスが積み重なる形で発症するものです。むしろ、気を付けなければいけないのは、中学受験で合格した子ども。親が間違った対応をすると、後々、大学受験の段階で受験うつになる場合が多いのです」

難関校に合格した子ほどハイリスク。過信せず、努力を続けることが大事

吉田さんに詳しく解説してもらいましょう。

「中学受験のゴールは志望校に合格することです。近年、中学受験も多様化し、偏差値の高さだけがすべてではなくなっていますが、それでも難関校といわれる有名中学への合格は輝かしい結果となります。そういった難関中学校に合格する子は、いわゆる〝頭のいい子〟ですが、**親の心が子どもが低学年の頃から成績ばかりにとらわれていると、その集大成ともいえる有名中学への合格を手に入れた段階で、子どもの自己愛は極限状態まで肥大することになります。この自己愛こそが、受験うつを引き起こす〝毒芽〟となる**のです。

幼いときから『僕は天才だ』『僕が天才だから、お母さんは喜んでいる』といった観念を抱いてしまった子どもは、自分に過剰な自信を持っています。ところが、有名中学に入れば、周りもそんな子ばかり。自分だけが特別であるわけではないということに気付きます。そこで、謙虚な気

持ちになり、さらに努力ができればいいのですが、自己愛が強い子にはそれができません。ほんの小さな壁にぶつかっただけで、心がポキッと折れて、自信過剰な状態から一転して受験うつに転落してしまう恐れがあります。そして、そのストレスの矛先が自分自身ではなく親に向けられ、暴力や暴言という形で表面化するのが、受験うつの大きな特徴です。難関校に通う子ほど多く見られます。

誤解してほしくないのですが、私は中学受験そのものを否定しているわけではありません。小学生の段階で、合格という大きな目標に向かって努力を積み重ねることは、人生を生き抜く上でとてもよい経験になると思います。しかし、子どものよさを成績だけで判断してしまったり、努力よりも結果だけに目を向けてしまったりと、親の反応が間違ってしまうと、志望校に合格しても、子どもがおいおい、受験うつに陥る場合があることを知っておいてほしいと思います。つまり、子どもの人生にとって、中学受験をプラスにするのもマイナスにするのも親次第、周囲の大人次第ということです」

第一志望に合格しても、親は喜び過ぎないで

では、第一志望校に合格したら、親はどう対応すればよいのでしょうか？

「過剰に喜ばないことです。もちろん、**受かったその日は大喜びしていいのです。でも、いつまでもチヤホヤしてはいけません。なぜなら、中学受験は人生の通過点にすぎないからです。**

子どもが難関校に合格すると、将来が保証されたと勘違いする親は少なくありません。でも、中学受験で難関校に合格したのは、大学受験に有利になるチケットを手に入れただけにすぎないのです。**受かったことに親子で浮かれていたら、その後は謙虚な気持ちで努力ができないダメな子どもに育ってしまいます。**

中学受験が終わったら、次なる目標を立て、それに向かって努力をしましょう。将来何をしたいのか、どんな人生を歩みたいのか、親子で話し合い、次なる目標を立てるのです。その目標が

大学受験でもいいでしょう。

だからといって、すぐに勉強をさせる必要はありません。中学受験の勉強というのは、志望校に合格するためのテクニックを習得し、パターンを覚えるといった、特定のスキルを鍛えるアンバランスな勉強である場合もあります。例えば、体を健康にしたいのに、握力だけを鍛えているような感じです。そうすることで、特定の部位は鍛えられますが、だからといって体すべてが健康になるわけではありません。これは勉強も同じです。これからしていきたいのは、人生を生き抜くための勉強です。

受験を終えた2~3月は、バランスの取れた勉強を体験するとてもいい機会です。受験前は『入試に出るから』と暗記した理科や社会の知識を、今度は実体験を通して生きた知識に変えるチャンスです。国会や裁判所、宇宙科学センターなどいろいろな場所に連れていったり、さまざまな職業の人に会ったりすることは、将来を考えるよいきっかけとなります。子どもは『夢を持て!』と言われても、世の中にどんな仕事があるかまだ分かりません。それを教えてあげるのが親です。今はまだ漠然とした夢で構いません。**第一志望校に合格した子は、受験直後はとても前向きな気**

持ちでいます。そういう時期こそ、新しい世界を見せてあげてください」

一番いいのは、実力はあるのにギリギリ不合格になってしまった子

では、残念ながら第一志望校に不合格だった子は、どうフォローしていけばよいのでしょうか？

「まずは、子どもの気持ちに親が共感していることを言葉や態度で示してあげましょう。**子どもが泣いたら、その気持ちを真っ先に受け止め、親も一緒に泣いてあげるべきです。**なかなか泣けないで苦しんでいるようなら、先に親が泣いてあげることで、子どもも素直に泣ける場合があります。涙にはコルチゾールというストレスホルモンが含まれていて、泣く行為には、それを捨てることで心を回復させるという素晴らしい効果があるのです。感情によって涙が流れるのは人間だけで、他の動物にはない作用です。悔しいときや悲しいときは思いっきり泣いて、ストレスを流してしまうと立ち直りが早いのです。

親は必要以上にがっかりしないこと。一番やってはいけないのは、子どもに対して腫れ物に触るような扱いをすることです。親が変な気遣いをして、受験の話を避けるというのは、かえって不自然で、子どもはいたたまれなくなります。気持ちを切り替えさせるには、きちんと現実と向き合う必要があるのです。

中学受験で合格できなかったからといって、人生が決まるわけではありません。この先の人生で何を目指すかに目を向けるのです。第二志望校、第三志望校に通い、大学受験でリベンジをする。または、公立中学に進学し、高校受験で勝負をかけるなど、まずはこの先の進路を親子でしっかり話し合いましょう。

将来の目標は今はまだ明確でなくてもいいのです。それを考えるのが中高の6年間だからです。でも、そのスタートをただ漠然と過ごしてはいけません。何となくでも構いませんから、ある程度の目標を立てておくと、中学生活のスタートがスムーズに切れます。

実は中学受験で一番いいのは、実力はあるのにギリギリで不合格になってしまった子なんです。

そういう子は一時的には落ち込むけれど、うまく気持ちを切り替えることができれば、中学受験の失敗を謙虚に受け止め、中学・高校と努力をし続けるから、大学受験で成功しやすいのです。

逆に一番よくないのは、実力がないのにたまたま受かってしまった子。そういう子は、周りがチヤホヤするので、『自分はできる子だ』と勘違いしてしまい、空虚なプライドが膨らんでその後の努力を怠ってしまう。大学受験で受験うつになりやすい典型的なパターンです」

春休みは受験のための勉強から、教養のための勉強に切り替える好機

吉田さんは、すべての受験生親子にこう提案をします。

「中学受験を終えたら、子どもの世界を広げるためにさまざまな場所に連れていきましょう、と言いました。でも、どこへ連れていけばいいのか分からないという人におすすめなのが、東大の赤門です。第一志望校に合格した子なら、次なる大きな目標になるでしょう。

不合格だった子は、『また受験勉強をしなければならないのか……』と思い、東大になど行きたがらないかもしれません。そういう場合は、大学受験という言葉は一切出さずに、『東京歴史散歩』として連れていってみましょう。東大のある本郷は、樋口一葉や夏目漱石などの文豪たちのゆかりの地で、見るべきものがたくさんあります。

東大の赤門は、旧加賀屋敷御守殿門といい、江戸時代に11代将軍家斉の娘が加賀藩に嫁ぐ際に建てられたものです。江戸時代、加賀藩は100万石の外様大名にもかかわらず、幕末で活躍できなかったのは、婚姻を通して将軍家に近い立場になってしまったから。このように、今残る建物を通じて、いろいろな歴史背景が分かってきます。そうやって、いろいろな知識を得ることで学ぶ楽しさを教えてあげるのです。そこからさまざまなことに興味を広げ、自分のやりたいことを見つけていく。**6年生の春休みは、受験のための勉強から生きるための勉強へと切り替えていく第一歩です**」

Q. 受験で精神的に壊れてしまう子がいるってホント？

A. ○ ホント

◎受験の失敗がトラウマになり、意欲をなくす子も
◎不安・不満、感情の爆発、食欲の急な変化に注意
◎受験うつの治療ではまず親を治す

吉田さんは「受験前に子どもの不安や不満が強くなる、長文を読んでいても把握できていないなどの症状が出たら、受験うつの疑いがあるかもしれません」と話します。100％合格する保証はない受験。不確かな現実に対して親が不安を大きくし、子どもの行動を一つ一つ強烈に叱ったりすると、子どもは「親ががっかりするのを見たくない」という思いの積み重ねから、受験に恐怖心を感じるようになってしまいます。

小さい子は特に、お母さんの影響をダイレクトに受けます。年齢を重ねると、受験は自分にとってプラスになるものだと分かってきますが、小さいうちは「学歴」が何かさえ理解できていません。「自分はお母さんのプライドを満たす道具なんだと思ってしまう。中学受験に失敗すると、親に見放されるかもしれないという恐怖心から、その後の高校・大学受験でうつになりかねません」

❖子どもはお母さんの心理状態の鏡

大人のうつと子どものうつとでは症状が違うので、子どもの行動には注意したいところです。心のエネルギーは子どものほうが強いといいます。子どもはふさぎ込むというよりも、調節が利かなくなって感情を爆発させることが多く、食欲が出過ぎたり、逆になくなったり、また甘いものを延々と食べ続けるなどの変化があったら要注意です。

不調を訴え受診する親子の話を聞くと、子どもだけでなく、母親にもうつが見つかる場合が多

いそうです。「お母さんがつきっきりで何でもやってあげる共依存の典型的な例です。子どもはお母さんの心理状態の鏡です。全員がうつだったという家族もいました。もともとあった問題が受験を通して加速し、うつ病のエリアに入っていったケースです」と吉田さん。

受験うつになってしまったら、どうやって治せばいいのでしょうか。「まずは、親の治療から始めます」と吉田さんは言います。

「親という器の中に子どもがいるので、子どもだけ治しても、元に戻ってしまいます。また、大人のほうが心が成熟しているので、医師のアドバイスを聞いてもらえます」

吉田さんは、生活を管理するよう指導します。親子で早寝早起きをして、走ったりラジオ体操やダンスをしたりと体を適度に動かすことで脳の神経を活性化させます。そしてカウンセリングで心の内を表現したり、医学的な治療を受けたりすることで効果が出るそうです。

Q. 受験前に「大丈夫？」と子どもに言ってはいけないの？

A. ○ ホント

◎「大丈夫？」「必ず受かる」「もっと頑張れ」と言うのはNG
◎会話の割合は親3、子7がいい
◎有名中学に受かってうつになるケースもある

「大丈夫？と子どもに聞くのは受験前のNGです」と吉田さん。

「**大丈夫？というのは、親自身の不安定な気持ちを安心させるための言葉。そう声をかけられた受験生は、大丈夫でない要素をわざわざ探し出して不安になる**からです」。子どもを心配するあまりに愛情が空回りして、親の言葉が受験うつへと追い詰めてしまうケースは少なくありません。

では、他にもあるNGワードとは？

「必ず受かる」などという暗示もだめです。親は子どものプレッシャーを取り除こうとかけた言葉でも、子どもにとってはハードルを上げるだけ。子どもの成績や実力を知る塾の先生に言われるなら、まだ分かります。「親に言われると、子どもにとっては『受かれば当たり前、落ちたらアウト』とチャレンジ精神を否定されているのも同然となります」

「もっと頑張れ」もNG。「うつの状態にいる人を漠然と励ましてはいけないのと同じです。頑張らなくちゃいけないと思うと、深刻なスランプに陥ってしまう。『勉強法を工夫しよう』など具体的なアドバイスであれば有効です」

親からの問いかけで一番大事なのは、子ども自身に語らせることです。「会話は親が3で子どもが7くらいの分量が理想です。問題を抱える親と子の会話は、それが10対0になっています。カウンセリング中、受験生本人から聞きたいのに、先に親のほうが答えてしまうという場面は少なくありません」

塾でどんなことがあったか、発見はあったか、悩みやつらいことは何か。「今日はこういうことを習ったよ」と子ども自身が語ることで、丸覚えでなく生きた情報に変わります。

もし点数が悪くてふさぎ込んでいたら、自分で問題点を見つけられるよう、親が誘導するのが一番です。「試験は、分析や対策のために受けるものだよ」「一緒に考えようか」。すると、受験生は「ケアレスミスがなければ15点、アップしたな」「時間配分がうまくいかなかったな」「分からない問題には時間をかけないようにしよう」などと、自身で解決法を見つけ出すことができます。

受験で大変なのは、どうやって勉強を進めるか管理しなければならないことです。**親にできるのは、スケジュール管理などコーチになってあげること。**親の存在がいい方向に働けば、子どものモチベーションが上がるという調査結果もあるそうです。

❖自己愛型の受験うつもある

他にも、「**才能を褒めるのでなく、努力を褒めてあげてください**」と吉田さん。「頭がいいね」というのはＮＧです。自己愛が膨らんでしまい、ちょっとした挫折の積み重ねがうつの発症につながりかねません。

「有名中学に受かったから、自分は天才だ」と思い込み、成績さえよければわがまま放題でいいと思っている子どもも問題だそうです。親が認めてくれるのは偏差値のみ。その他のことを制御できなくなり、自己管理ができない。こうした傾向がひどくなると、大学受験でつまずいたときなどに心が折れ、うつになってしまうそうです。

「そういった子の場合は、まず家庭の仕事、つまりお手伝いをしてもらいます。体を動かして家族に貢献できる掃除や料理が特に効果的です」

例えば、野菜を切るのに、指を切らないようにするにはどうすればいいか。野菜を小さく切って火が通りやすくなるようにしよう…。こうしたさまざまな工夫を通して家族に感謝される経験を積むと、自己愛を制御しストレスに強い脳に育つそうです。

Q. 子どもの受験では母親がヒートアップして、父親は冷静ってホント？

A. ○ ホント

◎お父さん6、お母さん4が理想的だが、お母さんのほうがヒートアップするケースが多い

◎親がかなえられなかった夢をかなえる「リベンジ型」はお父さんに多い傾向がある

◎何がなんでも志望校の合格を目指すと、家庭がおかしくなってしまう

「はい、わが家では確かに私がヒートアップし、夫のほうが冷静でした」と言うのは、長女と長男を私立中・高に通わせたEさん。

「かっかと怒ったり、叱ったりしたのは私。子どもにとっては、お父さんが静かに勉強を見てくれたのはよかった」と振り返ります。「温度差というよりは、夫婦の性格の違いだと思います。私は幸い、うつまではいきませんでしたが、勉強を教えながら家事もして、受験期はイライラがマックスでした」

小学・中学受験は「親の受験」といわれることもあるほど、親の関わり方が結果に大きく影響します。真剣に取り組むあまり、冷静でいられなくなって必要以上にのめり込む親も少なくありま

せん。

「受験に注ぐ力のバランスは、お父さん6、お母さん4が理想的です。実際のところは、献身的に子どもの受験のために頑張っているのはお母さんのほう、ということが圧倒的に多いですね」

と吉田さんは言います。

「カウンセリングで何回か話しているうちに、お父さんが家庭を顧みないとか、浮気しているとか、家庭円満ではない背景が見えてきます。世間体やお金のため離婚もできずに、心に開いた穴を埋めようと受験にのめり込む。お母さんの傷ついたプライドを何とかするために、子どもを一流校に入れる方向に姿勢が向く、というケースがよく見られます」

とはいえ、お母さんだけでなく、お父さんが暴走するケースもあります。クリニックの相談者の中には、「どうしても医学部に行って、跡を継いでほしい」という父親も。「自分は私立の医学部だったから、息子にはよりレベルの高い国公立の医学部に行ってもらいたい」「会社の部下の子が開成に受かったので、うちも同等の学校に受からないと」などと、自分の子どもの受験に自分の「リベンジ」や職場の体面を持ち込むのは父親のほうに多く見られる傾向だそうです。

夫婦間のバランスを取るためには、どうしたらいいのでしょうか。

自己管理能力をつければ、その先の受験にも生きる

吉田さんは言います。「**受験に入る前に、子どもにどういう人生を送らせたいか、しっかり夫婦で話し合ってください。** ほとんどの家庭が『名門校に入ってほしい』など受験ありき。そうではなくて、受験の目的は何かを冷静に見据えることが大切です。親が医学部に行ってほしいと思っていても、本人は文学の研究をしたいと言うかもしれません。**最終的には子ども自身が選ぶ人生。受験を通して子どもが成長することが大事です**」

受験は、合格だけが目的ではありません。「〇〇中学に入りたい→地道な努力がいる→途中で

投げ出さずにやり遂げる」という自己管理能力をつければ、たとえ希望の学校に合格できなくても、高校や大学の受験やその先の人生で生かされます。

「子どもに幸せになってほしいと思うのは、父も母も同じ。**何がなんでも志望校の合格を目指すと、家庭がおかしくなってしまいます。**受験を通してどういう能力を育ててほしいのかという親共通の視点で、受験の戦略を練ってはいかがでしょうか」

例えば、子どもが昆虫採集に夢中になった場合。親は「そんなことより試験勉強をしてほしい」と思うかもしれません。でも、興味を持って取り組めば、合格に直結する能力を養えます。「開成・麻布・桜蔭などの伝統校では、いかにさまざまな体験を通して新しい知識を獲得し、探究心や学びを自分の考えとしてまとめられるかを問う傾向が目立ちます」

吉田さんはこう続けます。「受験エリートは、実はオタクが多いんですよ。鉄道や恐竜、昆虫などに詳しい。まずは遊びでもいいから、自分の興味で学ぶようにさせて、親は『へーっ、よく知っているね』と盛り上げ役に徹したいですね。意欲中枢が発達し、学ぶということの型がついてくると、ある時期から受験勉強に置き換えて学ぶようになります。ただし、ゲームの場合は、依存につながる場合が多いので、親が1日〇分までと決めて管理してください」

吉田 たかよし（よしだ・たかよし）
灘中・高から東大工学部へ。大学院修了後、NHKアナウンサーとして活躍。退職後、北里大医学部に入学。東大大学院の医学博士課程修了。さまざまな受験の経験も生かし、心療内科医として「本郷赤門前クリニック」で受験生の相談に乗る

体は大きくても心は未熟な高学年
親は子どものストレスサインに注意

名古屋大学医学部附属病院准教授・心療内科医　岡田俊さん

悩みを打ち明けない子どもたち

小学校高学年になると、子どもは心の内を明かさなくなるものです。これは正常な発達といえるでしょう。しかし、親にしてみればこれほど不安なことはありません。模試が迫っているのに動画鑑賞やゲームの時間が増える。親が小言を言えば言うほど、夜遅くまで何かをしている。親が気にすれば気にするほど、子どもは自分の部屋をピシャッと閉めてしまいます。

名古屋大学医学部附属病院・親と子どもの心療科准教授の岡田俊さんはこう話します。「高学年になると、親とは独立した世界を持つようになります。そのため、悩みごとも友達に相談しようとします。しかし、大人たちの世界と比べると、子どもの世界は狭く、同級生からのいじめやからかい、担任の先生とうまくいかないといったことは、自分が生きている世界が失われてしまうほどの衝撃なのです。親には何でも相談してほしいと、親の誰もが思っています。しかし、**子どもは親に相談したということが友達に知られたらからかわれる、親に相談してもきっと解決しない、学校のことで悩んでいると親が知ったら親ががっかりする、などと考えてしまい、相談できないまま一人で悩んでいることも多い**のです」

そんな子どもの悩みには、どのようにすれば気付くことができるのでしょうか。

「子どもが抱えている本当に大事なことほど、その表現の仕方は婉曲的で分かりにくいものです。例えば、子どもが送ってきたSNSのメッセージがいつもと違い、何か言いたそうだ、何かおかしい。そんなとき『もう、一体何なの?』ではなく『**何か様子がおかしいけれど、どうしたの?**』**と一声をかけたい**ものです。しかし、そんな的を射た質問にも子どもは『いや、別に』としか答えないかもしれません。だから、その後も様子の変化にアンテナを張る必要があります」

子どもの状況を見立てる難しさ

ストレスを感じている子どもが発する無言のサインには、次のようなものがあります。

- ●自分の髪の毛を抜く
- ●手の指の皮をむく
- ●爪や鉛筆の先をかむ
- ●「眠れない」と言う。眠りが浅い
- ●過去にしていた指しゃぶりなどのクセを再びするようになる

●手洗いがやめられない

●イライラして不機嫌

●明らかに食べ過ぎ。過食

●食欲が低下する

●朝、なかなか布団から出られない

●覇気がない

●部屋に閉じこもってLINEや動画視聴、ゲームばかりしている

ストレスがかかると不安になったり、気分が不安定になったりすることがあります。どこかそ

わそわとして落ち着きがない、何度もトイレのことが気になる、何度も振り返って準備などを確認する、といったことも見られます。

「うつ病というと、エネルギーが涸渇《こかつ》して憔悴《しょうすい》している、というイメージがあるかもしれません。しかし、子どものうつ病では、イライラして怒りっぽかったり、過食や過眠、頭痛や腹痛などの身体的不調が見られることもあります。逆に、これらは、子どもにはよくある表現でもあります。うつ病と考えるかは、これまでの経過を丁寧に問診し、その後の経過を見ないと確定できないこともあります。また、思春期の心の不調を、ストレスの結果であると決め付けるのは危険で、十分な医学的ケアが必要なこともあります」と岡田さんは言います。

高学年では中学受験を控えている子も多くいます。中学受験に向けてのストレスはどうでしょうか。

「数多くの塾の講習を受講し、学校の宿題や課外活動を含めて時間のやりくりが難しくなったり、手が回らなくなったりする子もいます。当たり前のことですが、その子その子にキャパがあります。その限界を越えて空回りをすることが少なくありません。子どもは得てして生真面目で親の期待に応えようとしますし、プライドもありますから、自分からお手上げとは言い出さないものです。

親がその子に合わせた勉強の仕方について考え、尊重する必要があることは言うまでもありませんが、その一方で、子どもが親に勉強の取り組みを整理されることで、子どもは『親に失望された』と誤解してしまう可能性もあります。子どもの成績がかんばしくなかったときに抜本的な見直しを図るのではなく、親は日ごろからどのような学びが子どもにとって一番有効かということを点検する姿勢が大切だと思います」

子どもの人生は子どものもの

親は、常に子どもの将来を考えてよかれと思って行動をしています。しかし、そこには親の思いが交錯するものです。

「不確実な現代にあって、なんとか子どもに安定した将来を与えてあげたいと思うのも無理はありません。あるいは、親自身が経験してきた苦労を味わわせたくない、親が達成できなかったことを達成させてあげたい、などという思いが、意識的あるいは無意識的に作用している場合もあります。

しかし子どもにとって、自分の遠い未来はなかなかイメージができないもの。子どもが勉強にモチベーションを感じるのは、塾の友達と一緒の中学に通いたい、親の喜ぶ顔が見たい、単純に目の前の課題を達成したいなどという健気な思いです。

子どもは『自分の人生だから自分で選んでいいんだよ』と言われても、まだそれほど多くの人生を見聞きしているわけではありません。一人一人に個性があるのに、なぜか受験の場では偏差値や順位という一律の尺度で測られがち。最近では、さまざまな職場を知る学習機会があると思いますが、さらに、**さまざまな価値観、生活や文化を尊重するような家庭の風土づくりが大切です。**

また、子どもが何か学校でトラブルを起こすと、これが内申書に影響する、ということがとつさに親の脳裏によぎるのもわびしい話です。その人その人の軸があり、それを誰よりも自分が大切にし、また人からも尊重されなければならないのです」

問題と思われていない子のほうが危ない

岡田さんはこう指摘します。「大人が何を期待しているかを敏感に感じ取り、大人の顔色を見てしまう子どもは、いわば優等生と見なされるでしょう。しかし、こういった子どものほうがストレスをためやすいものです。もし、こういった子どもが精神的な不調をきたした場合には『よほどの理由がある』と考えるほうがよいと思います。

傷ついても隠すタイプの子もいます。傷ついても、『全然、気にしていないし』と奔放そうな子どもや、きまりが悪かったり場が緊張したりするとおちゃらけたりする子も、実は傷つきやすいものです。こうした子どもに対しては、周囲の子が無配慮にものを言ったり、傷つけるような言動をしても、大人には本人が嫌がっていると感じられないことがあります。『**いじられキャラ**』**な**

どという言葉ほど残酷な言葉はありません。いじられている子の傷つきにこそ大人は目を向ける必要があり、ましてや、一緒になってからかうなどということはあってはならないのです」

最近では、ネットやゲームにのめり込みやすい子もいます。

「今のゲームや動画ソフトには、のめり込みやすい仕掛けがなされています。大人はこの危険性について十分に認識する必要があります。他方では、もしもゲームやネットがなかったとしたら、その子に他の過ごし方は保証されているのか、という点も考える必要があります。

鉄道が大好きだった子どもが、もう高学年になったんだからという理由でおもちゃを取り上げられたり、ダンスや体操などの習い事の先生を信頼して心の拠り所にしていたのに、ちゃんと勉強しないからという理由でやめさせられたりしているケースは少なくありません。ネットを通じてのみ、大切な友達関係が構築されている子もいます。これらを子どもから取り上げようとしたら、信じられないほどに抵抗されるのは当たり前でしょう。**親から見て子どもにやめさせたい習慣の背後には、子ども側から見たときにはどのような事情があるのかを考えることが大切**なのです」

夫婦関係や親のメンタル不調が子どものストレス源に

夫婦間の問題や親のメンタル不調がこうした子どものストレスの原因になっていることがあります。もしも親のほうが心の課題を抱えていて、それが子どもに対して影響を与えている状況であれば、親が自分自身を上手にケアしていくことが大切です。

夫婦といえど、お互いに忙しくて会話が少ない……。例えばＬＩＮＥなどのＳＮＳで夫婦で交わす会話といえば、「今日は残業」「子どもの保護者面談に代わりに行ってくれる？」といった業務連絡だけ。気付いてみると家庭でもメッセージでしかやり取りをしていないという人もいるかもしれません。

しかし、**家族の重大局面において、子どもに無用なストレスをかけないためには、夫婦の会話**

が重要になってきます。そのためには、家族で適切なコミュニケーションを取り、合意に基づく意思決定を行うという、意外と難易度の高いスキルが必要とされます。

「日ごろから夫婦間で十分な意思疎通がされていないと、夫婦げんかをしたときに壊滅的、不可逆的な結果をもたらすかもしれないと互いに不安になります。そうすると、意見の相違がありそうな重大なことほど、衝突を避けがちになります。だから、子どもと実際に接する場面で夫婦のスタンスの相違が露呈し、間に挟まれた子どもを困惑させてしまうことになるのです」と、岡田さんは指摘します。

普段から夫婦間で本音を出していないのに、大事な局面、主に子どもの問題になるとお互いが譲れなくなり、子どもの目の前で夫婦が大きくぶつかってしまうことが、子どもにストレスを与えてしまうというわけです。具体的な衝突例と、そこに隠された心理を紹介します。

夫婦の衝突が起こりやすいのが、中学受験の時。例えば、お母さんが子どもの勉強に寄り添う一方、お父さんは仕事を言い訳にして子どもの受験勉強に向き合わないというケースを見てみましょう。そんなときの夫婦げんかでは、お母さんは子どもに関わらないお父さんを責め、お父さんはそんなお母さんにイライラして、「もう中学受験なんてやめてしまえ！」と言い返す…。子どもは、お母さんの味方をすればいいのか、お父さんの意見を聞けばいいのか、混乱してしまいます。

岡田さんによると、ここでイライラしているお母さんは、子どもの勉強や成績にだけイライラしているわけではありません。本当は、お父さんに日ごろの頑張りをいたわってほしいし、優しい言葉をかけてほしいのです。そこがすれ違ってしまっているわけです。

そんな夫婦関係のほころびが、子どもにプレッシャーをかける要因になるのだといいます。右記の例だと、母親自身が不安や怒りといった自分の情動や行動を止められなくなり、そのエネルギーが子どもに向かって「もっと勉強しなさい」「どうして成績が上がらないの」と叱咤や、お父さんを責める方向に使われて、子どものストレス源になります。

中学受験　親自身が不調になることも

中学受験ではあらゆるシーンで夫婦間や親子間で意見をきっちりとすり合わせることが不可欠です。例えば志望校選びは、「塾からは偏差値と順位、そこから導かれる合格可能性というシンプルな軸で提示されます。しかし、親から見るともっと複雑です。通学の負担、校風、校則や生活指導、宿題の多さ、課外活動、進学実績などを勘案して進路希望に反映させようとするでしょう。そして子ども自身は、塾や学校の友達が同じ学校を目指しているからとか、学校の制服が素敵だからとか、素敵な先輩が進学したからといった、子どもならではの目線で進路を選びます」（岡田さん）。

ここで、家族間での話し合いが必要になります。

しかし、このような話し合いが必要になるにもかかわらず、高学年になると親子間でコミュニケーションを取る時間は限られてきます。「高学年になると夜遅くまで塾に拘束され、親との関わりは送迎時間だけという家庭も増えてきます」

親はその上、子どもの成績・勉強に関しても頭を悩ませます。「親が子どもに勉強を教え込むといったように、受験勉強を家で抱え込むのは、親子関係に悪影響を及ぼす可能性があるので、無理をせず塾に任せるのはひとつの選択です。しかし、塾通いで帰宅が遅くなるのは親としても心配でしょうし、送迎など親の負荷が大きいでしょう。親自身が成績や子どもの塾通いで不安が高まり、精神的に不調になることは少なくありません」と岡田さん。

親自身の不安が高まっているときは、どんな状態なのでしょうか。

子どものことしか考えられないなら要注意

独身の頃は旅行をしたり語学の勉強をしたり、思い切り自分に投資できていたのに、今はお金も時間もすべて子どものため、ということはありませんか？　**気が付くと、日々の生活に追われ、自分がいちばん後回しになっていたりするもの。親自身が自分のストレスを過小評価したり、目**

をつぶってしまったりすることは少なくありません。次のようなことがあれば、親自身が精神的に不調をきたしているサインです。

- **子どものことばかり考えてしまう**
- **本来ならば楽しいはずのことを楽しめない**
- **先のことを悲観的にしか考えられない**
- **ささいなことで動揺してしまう**
- **熟睡感がなく疲れが取れない**

思い当たる節があったら、自身のストレスを振り返りましょう。子ども関係のつながりの友人ではなく、昔からの友人や、趣味を共にしている人とたわいのない話をしてみましょう。

物理的に日常生活の場から離れることも重要です。

「共働きで毎日仕事と家事で忙しくしていると、お母さんはたった30分間でも一人でコーヒーを飲むことにためらいを感じがちです。**わずかでも日常をシャットアウトできる時間と空間を持つことは大切**です。

もし、自分を癒やす時間に落ち着かなさを感じるようなら、なおさら意識して自分の楽しみを取り戻してください。『自分のため』が受け入れられないのなら、『子どものためにも自分をいたわらなければ』と考えてみるといいかもしれません」

- **昔の友人や、趣味の友人と会話をする**
- **カフェなどで一人のお茶タイムをつくる**
- **「子どものためにも自分をいたわる」意識を持つ**

短時間の夫婦ミーティングを習慣にする

共働き家庭では特に、妻も夫も過密なスケジュールに追われています。夫婦でコミュニケーションを持つ時間がほとんどないからこそ、連絡事項はSNSに頼りがちです。ではどうしたらいいのでしょうか。

「夫婦で空間を同じくするまとまった時間がほとんどない、ということも少なくありません。家族全員が顔を突き合わすということは、子どもが大きくなれば習慣にでもしない限り難しいですよね。例えば、名古屋ではモーニング文化があることが知られています。日曜日の朝は家族全員で喫茶店に行ってモーニングを取るのです。日曜日でも子どもは塾の授業や模試があったりするでしょうから、夫婦で子どもを見送ってその後カフェで一服するというのも一案です」

朝に家を出る前に夫婦で短時間のミーティング時間を持つなど、**生活習慣の中に話し合いの場を組み込むといいでしょう。習慣にしてしまえば、何か問題が起こったときにも話し合いの場を**

持つ見通しが立ちます。

そして、中学受験では、できればシーズンが始まる前に受験そのものや志望校への考え方について、夫婦で目線を合わせておくといいでしょう。中学受験が夫婦げんかの種になりやすいのは、中学受験に対して持つ価値観が異なりやすいからです。「結婚してからもこれまでに、それぞれの文化を衝突させながら折り合いをつけてきたと思います。それぞれがどんな文化の中で暮らし、どういう歩みをしてきたかによって価値観の異なる最たるものが、子どもの受験です」。価値観を合わせた上で、子どもの様子について夫婦で意見交換をし、子どもの思いを大切にしながら歩んでいく必要があります。

夫婦になるとそれぞれが家族のために時間やエネルギーを割いたり、そのために自分自身が犠牲を払ったりすることが当たり前で、いまさら夫婦同士でいたわり合うという感覚が少なくなりがちです。しかし、「ありがとう」などの感謝の気持ちを言葉にすることで夫婦関係が前進することもあります。**気付いてみると、中学受験を通して発展したのは子どもの学力だけでなく、親子の絆や夫婦の絆だった、というような取り組みを目指したい**ものです。

岡田 俊（おかだ・たかし）

名古屋大学医学部附属病院 精神科・親と子どもの心療科 准教授 医学博士
1991年、京都大学医学部卒業。2000年、京都大学大学院医学研究科・脳病態生理学講座（精神医学）。2006年、京都大学医学部附属病院デイケア診療部・助教。同年、京都大学医学部附属病院デイケア診療部・院内講師。2010年、京都大学大学院医学研究科脳病態生理学講座（精神医学）・講師。2011年　名古屋大学医学部附属病院親と子どもの心療科・講師。2013年より現職。専門は、発達障害、チック（トゥレット症候群）、子どもの精神疾患一般

※本書は、共働き子育てノウハウ情報サイト『日経DUAL』に掲載している特集や連載の記事に、加筆・修正したものです。

「勉強しなさい！」エスカレートすれば教育虐待

2019年11月25日　第1版第1刷発行

発行者　高柳正盛
編　集　蓬莱明子（日経DUAL編集）
　　　　片野 温（日経DUAL編集長）

発　行　日経BP
発　売　日経BPマーケティング
〒105-8308 東京都港区虎ノ門4-3-12

編集協力／武末明子、福本千秋、小林浩子
西山美紀、磯部麻衣、越南小町、有馬知子、なかのかおり、渡邉由希
マンガ／オオスキトモコ　写真／鈴木愛子、PIXTA

装丁・カバーデザイン 平田 毅　中面デザイン・制作 藤原未央　印刷・製本 図書印刷株式会社

 Printed in Japan　ISBN978-4-296-10475-8

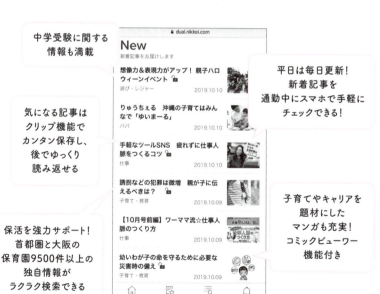

日経DUALの本

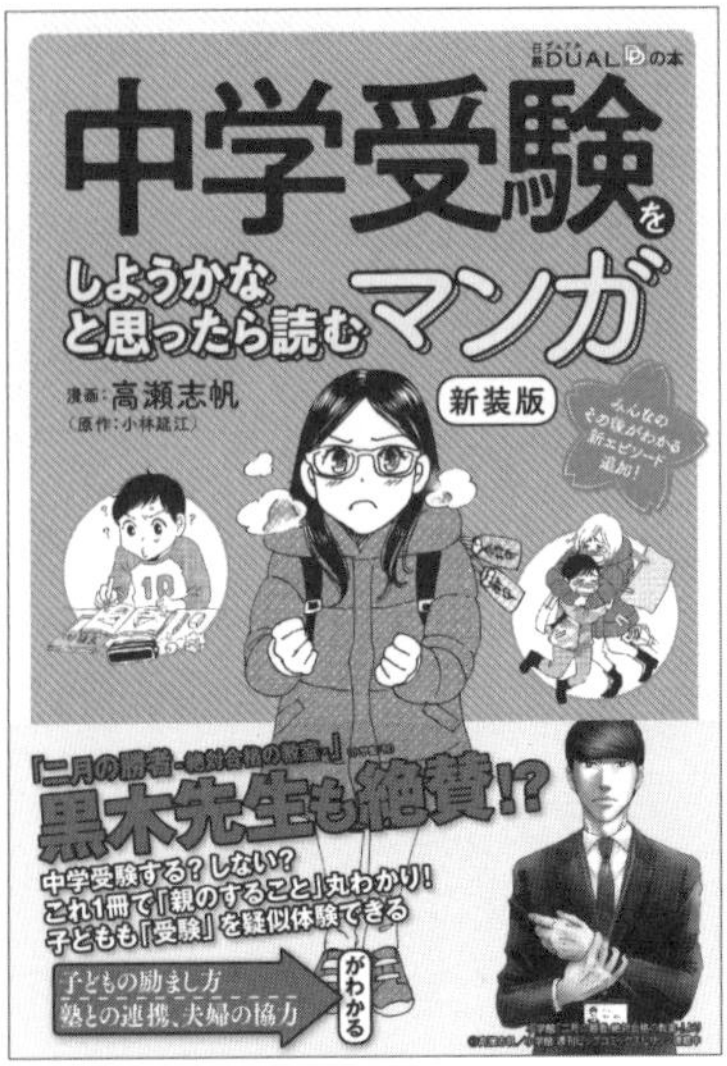

【書籍】

中学受験をしようかなと思ったら読むマンガ

中学受験する?しない?　迷うママ・パパがまず手に取る１冊として最適。４組の親子のケーススタディを通じて、受験に対する親子の適切な関わり方や、塾選び、勉強の進め方、夫婦の役割分担などを学ぶことができます。当事者である子どもに「中学受験ってどんなもの?」と伝える本としてもおすすめ。紆余曲折を経て中学生になった、それぞれの親子の姿を描いた「後日談」も収録。

高瀬志帆 漫画（小林延江 原作）
定価：本体1000円+税
184ページ　ISBN978-4-296-10211-2

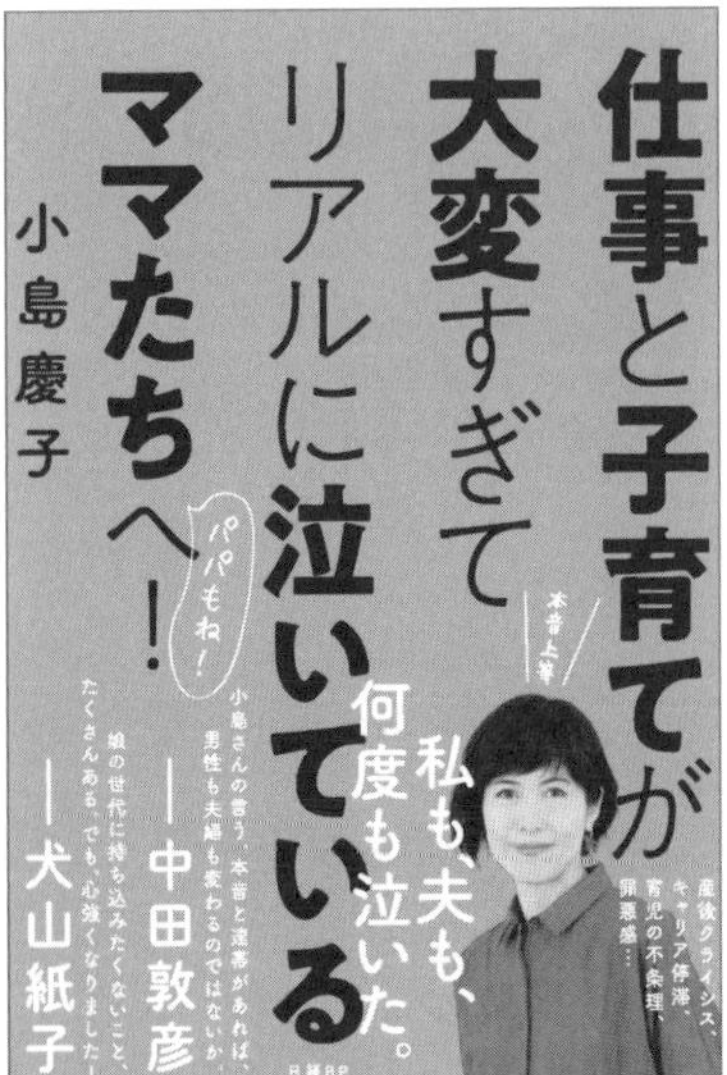

【書籍】

仕事と子育てが大変すぎてリアルに泣いているママたちへ！

私も夫も、何度も泣いた。これほど濃密で激情に満ちた時間を、他の誰とシェアしただろうか——。２人の子どもの母である小島慶子さんが、６年にわたり綴ってきた日経 DUAL の好評連載を単行本化！産後クライシス、キャリア停滞、育児の不条理、罪悪感…。大変すぎて、ときに泣きたくなる「共働き共育て」のつらさに寄り添い、子育て期にだけ得られる大きな喜びや幸せに気づかせてくれる１冊。

小島慶子 著
定価：本体1400円+税
224ページ　ISBN978-4-296-10458-1